情報発信時代に必須の「文章のコツ」

Hiroshi Deguchi
出口 汪

出口汪の「最強！」の書く技術

水王舎

はじめに

▽情報発信の時代

本書は今までの「文章術」「書く技術」「ライティング」の本とはまったく異なります。

なぜなら、既存のこういった類の本は手書きのための技術を論じているからです。

しかし現代では、会社の企画書のみならず、メール、ツイッター、フェイスブック、ラインなど、「書く」という行為を誰もが日常的に行うようになりました。

右の例のように、デジタルデータとして書くことがほとんどですし、ブログのように、読み手が誰かわからないケースも多々あります。

つまり、現代の私たちは不特定多数の読者に対して「書く」ことを求められているのです。そして、そのために不可欠なのが「論理的に書く技術」なのです。

本書はまさに現代の人々へ向けた情報発信のための技術書です。しかも、日本でもっともわかりやすい本をと、心を込めて執筆しました。

小手先のテクニックではなく、「書く」ために最低限必要な、より本質的な内容にしたつもりです。

▽主人公と一緒に学べる内容

本書は『出口汪の「最強！」の記憶術』（小社刊）の第二弾です。

幸い、前作は多くの読者に受け入れられ、増刷を何度も重ねてきました。

このシリーズの狙いは、もっとも大切なことを、誰にでもわかるように、丁寧に説明することにあります。

そのための仕掛けとして、私がＯＬハルカにレクチャーをするという設定を採用しています。

ハルカは何をやっても駄目で、失敗ばかりするドジな女の子ですが、共感できる愛すべきキャラクターでもあります。このため、読むだけで無理なく彼女と一緒に学べる内容になっていますし、だからと言って、決してレベルの低いものでもありません。

ときにはハルカとの会話に遊びも入れていますので、気軽に読んでいただければ幸いです。

▽書くためにもっとも大切なこと

情報発信の時代で、「書く」のにもっとも大切なことは何でしょうか？

私たちは手書きの時代のように特定の個人に向けて書くのではなく、今や不特定多数に向けて書かなければならなくなりました。

そのときに求められるのが「論理的に書く技術」です。そこで必要な論理は実はたった三つしかありません。

本書ではたった三つの論理を駆使することで、誰もが納得する文章の書き方を伝授します。


また、本書では日本語の規則の大切さにも触れています。

一度発信した文章は二度と取り返すことができません。もし、そうした日本語の規則を知らなかったら、生涯間違った文章を書き続けることになります。

つまり、日本語の規則に従って正確な文章を書けるかどうかも、情報発信の時代には、とても重要なのです。

本書で正確な日本語の使い方を学び、誰が読んだとしても恥ずかしくない文章を書けるようにしてください。

ビジネスパーソンはもとより、ブログなどのメディアで発信したいと思っている人、資格試験や様々な検定試験、生涯学習を続けようとする人、もちろん受験生にも大いに役立つものとなるでしょう。

時代がどんなに大きく変わっても、書く技術さえあれば、あなたは必ず必要とされます。

本書を手にした読者のみなさんが書く技術をマスターし、より豊かな人生を送られることを切に願っています。

出口 汪

出口汪の「最強！」の書く技術

目次

第2章
あなたの文章は誰もわかってくれない

第3章
一文は論理でできている

第4章 論理的な文章の書き方

第5章 文章力を鍛える実践的な方法

ハルカの  自己紹介

初めまして。私の名前はハルカです。アパレル系専門商社に勤務している、26歳のOLです。

出口先生の「記憶術を身につければ、勉強も仕事もできる才色兼備の女性になって、結婚もできる」という甘い言葉にそそのかされて、先生から『「最強!」の記憶術』を習いました。

その成果もあって、会社で課せられていた、“TOEIC®で700点を突破する”という難題をクリアすることができました。出口先生に感謝です!

でも私に、また新たな難題が出てきてしまったんです。

先日会社で上司から「企画書を提出しろ」と言われたので、頑張って徹夜で企画書を仕上げたんです。それなのに、「内容が意味不明」って怒られてしまいました。

さらに、この前、やっと彼氏ができそうだったのに、私が送ったメールの文章がめちゃくちゃで、相手から嫌われてしまったみたいなんです。だから、やっぱりいまだ結婚どころか、恋人すらできない状態です……。

受験生時代は志望校が私大だったから、マーク方式の勉強ばかりしていて、書く練習なんて全然してこなかったのが、いけなかったのかも。

この歳になって初めて、書くことの大切さを実感しました。

出口先生、お願いです。こんな可哀想な私に、今度は「書く技術」を教えてください。

ハルカはもう先生しか、頼る人がいないんです!

第1章

なぜこれからの時代に「書く」ことが大切なのか

さっきの件 掲示お願いね
はいっ
タシ タシ
ピッ
啓示
おい… 啓示が出てるぞ
彼女… 神だったのか…

書く技術って、どういうこと？

まずは現代において、「書く」という意味が大きく変わったことを意識しましょう。

今までの「書く」は基本的には手書きで、特定の人に向けて書いていました。

それに対して現代では、ブログやフェイスブック、ツイッターやラインなどを通じて、デジタルデータとして「書く」に変わりました。

デジタル化された文字は、不特定多数の目に触れることになるため、論理を意識しなければ、相手に伝わる文章にはなりません。

本書の「書く技術」は、現代社会において必要な、情報発信をするためのものであることを確認して、講義をスタートしましょう。

先生、ひどい！　責任とってください。

えっ？　いったいどうしたの？　そんなに頬を膨らませて。

だって、先生は私に、「記憶術を身につけたら、結婚もできる」って言ったじゃないですか！

あれ⁉　そうだったかな？

ちゃんと言いました。だから、こんなに頑張ったのに、私まだ恋人もできないんです。この前だって……。

ちょ、ちょっと落ち着こう。確かあのときは、「結婚できるかも」って言ったはずだけど。

……そう言えば、そうだったかも。

ハルカちゃんは、記憶術のおかげで仕事が前よりできるようになったよね。だから結婚だって、これから可能性が広がっていくはずだよ。

そうかなぁ。でも、何だか自信なくなっちゃって。

第一、結婚は縁。そのうちハルカちゃんにも、きっといい縁がやって来るよ。

はい……。でも、なんか、うまく言いくるめられている気がします。

まず大切なのは、仕事がうまくいくこと。仕事も結婚もなんて、欲張りすぎだよ。

それもそうですね。本当は私、先生に感謝しているんです。だって、先生に教えていただいた記憶術のおかげで、念願のTOEIC® 700点突破ができたんだから。

それはよかった。ハルカちゃん、頑張ったからね。

でも、聞いてください！　今、また私に仕事で新たな問題が出てきてしまったんです。先生、どうしたらいいんでしょうか……。

とりあえず、何があったのか話してごらん。

はい。実は、この前会社で上司から、「企画書を提出しろ」と命じられたんです。だから、徹夜で一生懸命書いたのに、その企画書を読んだ上司から……。

これでは何を伝えたいのかわからないって、言われた？

そうなんです！ 上司は、「君の文章は何が言いたいのかわからなくて、意味不明だ。読んでいて、頭が痛くなった」なんて言うんです。先生、ひどすぎると思いませんか？

ひどすぎるのは、上司よりも、ハルカちゃんの文章かもしれないよ。

……先生も、ひどい！

ごめんごめん、言いすぎたかな。でも、それぐらいでそんなに深刻にならなくても……。

違うんです！　それだけじゃないんです。

まだ何か問題があるの？

実は先日、やっと仲良くなれそうな男性が現れたんです。花婿候補の一人になるかもしれないって思ったから、この関係を大切にしたくて、私、相手に喜んでもらえるように、毎日メールを出し続けたんです。それなのに……。

そのメールの文章がうまく伝わらなかった？

先生、また的中です。相手の人から、「何を言いたいのかわからない」って言われちゃって。だから、今度はわかりやすいように絵文字を毎日毎日いっぱい送ったんです。そうしたら、相手に嫌がられてしまったみたいで……。

何だか、相手の気持ちもわかる気がするなぁ。

先生、いったいどっちの味方なんですか！　ああ、そんなことよりも、私、せっかく記憶術を身につけたのに、このままじゃ仕事も結婚もうまくいかない、イタい女になってしまいます！　先生、どうか私を助けてください！

うん。ハルカちゃんの悩みはだいたいわかったよ。それを解決するために、**今回は「書く技術」を教えよう。**

えっ？　先生、「書く技術」なんて、あるんですか？

もちろんだよ。**文章を書くためには、絶対に知っておかなければならないルールがいくつかあるんだ。**それを知らずに、どんなに頑張って練習しても、人に伝わる文章は書けるようにならないんだ。

えーっ！　そんなこと、学校で誰も教えてくれなかったです。

そうだよね。だから、何もハルカちゃんの「書く」能力が劣っているわけではないんだ。

逆に言うと、「書く」ために必要なルールさえ身につければ、必ず人に伝わる文章を書けるようになるんだよ。

えええっ！　本当ですか！　先生、それ、今すぐ教えてください。お願いです!!
私の結婚が、かかっているんです!!!

あ、相変わらず、結婚が絡むと、ものすごい気合いだね（笑）。では早速、「書く技術」の講義を始めようか。

やった〜！　先生、よろしくお願いします。今回も私にわかるように、簡単に、とにかく簡単に教えてくださいね。

もちろん！　ハルカちゃんが理解できれば、誰もが理解できるからね。誰よりもわかりやすい講義を心がけてみるよ。

えっ、先生「わかりやすい講義」の前、何て言いました？

き、気にしない、気にしない（汗）。

「書く」時代が到来した！

さて、現代は、「他に類を見ない書く時代」と言えるんだ。

「他に類を見ない書く時代」ってどういうことですか？

正確に言うと、「論理的に書く時代」かな。つまり、**文章をより論理的に書くことのできる人が、世の中でうまくやっていける時代になったんだよ。**

う〜ん、私、ますます時代に取り残されてしまいそうです。

ところで、ハルカちゃんは文章を書くときに、論理を意識して書いているかな？

「記憶術」の講義で、論理については少し学習したけど、「書く」ことにまでは応用していません。

「書く」ことにも論理は必要なんだ。それどころか、文章を「書く」ときにこそ、論理的であることが求められるんだ。ハルカちゃんは、論理をきちんと意識していないから、上司にも、意中の男性にも、伝わらない文章を書いてしまったんだろうね。

そうなんです！　上司にも彼氏候補にも何が書いてあるかわからないって言われて。私、どうしたらいいのかわからなくて。ウ、ウウッ……。

ほら、大丈夫だから、泣かないで。

はい……。すみません。でも先生、どうして今は「書く時代」なんですか？　昔と何が違うんですか？

うん。僕が若い頃にはまだパソコンなんてなかったから、文章を書くのはすべて手書きだったんだ。そして、自分の文章が活字になる人は、作家や新聞・週刊誌の記者など、プロの文章家に限られていたんだよ。

確かに、そうですね。

それが、今では誰もがメールやブログ、フェイスブック、ツイッター、ラインなどを利用していて、手書きではなく、デジタルデータとして文章を書くようになったよね。

私も手書きの文章って、最近書いたことないかも。ラブレターもメールでした。相手とすぐコミュニケーションがとれるって、とっても恵まれていますよね。

そうだね。でも、その一方で、とても危険なことでもあるんだよ。

えっ!?　どうしてですか？

デジタルデータって、実は活字と同じなんだ。手紙などの手書きの文章であれば、読み手は特定の誰かだよね。でも、活字の場合、いったい誰が読んでいるのかわからない。つまり、**今の時代は不特定多数の読み手に向けて文章を書く必要があるんだよ。**

でも、メールは、特定の人に向けて書いたものじゃないんですか？

確かにメールは特定の人に向けて書いたものだけど、それがデジタルデータである限り、もらった人が誰かに転送している可能性もある。

あっ！　せ、先生、どうしよう。

ん？　どうしたの？

私、思い出しました。先日、女友達に男性を紹介してもらったんです。とても感じのいい人で、もしかすると、彼氏になる運命の人かもって思って、いっぱいメールを送ったんです。そうしたら……ウッ、ウウッ……。

あっ、また泣いている。

先生、聞いて下さい。この前その女友達に会ったときに、「もうアラサーなんだから、子供みたいな文章を書かないの」って笑われたんです。そのときは気がつかなかったけど、きっとその彼氏候補が女友達に、私のメールを転送したんです。そんなことも知らずに私、彼氏候補にたくさんハートの絵文字を送りました。……私、恥ずかしすぎて、生きていけません！

その男性が、ハルカちゃんのメールを転送したかどうかはわからないよ（笑）。でも、メールは誰かに転送されるかもしれない。仕事上のメールであればなおさら、いろいろな人に転送されていると思った方がいい。最終的には会社の社長の目にまで入る可能性もある。

えええ！　本当ですかぁ……。

つまり、今の時代は、メールでさえ誰に読まれるかわからないという意識を持って、文章を書く必要があるってことだね。

何だかこれからは、メールを送るの緊張しちゃいそう。

もちろん、メールだけじゃないよ。たとえば、仕事で取引先の人と初めて会ったとき、お互いの名刺を交換し合うよね。今なら、名刺を見て名前をネットで検索すれば、すぐにその人のブログやフェイスブックを読むことができてしまう。

たとえ、どんな立派な肩書きでも、その人が書いている文章が稚拙《ちせつ》で感情的だったり、日本語の間違いがたくさんあったら、取引したくなくなってしまうはずだよ。

本当に、そう思います。私も、会社で取引先の人の名前を検索して、その人のブログなんかを読んだことがあります。あっ！　そう言えば……。

おや、どうしたの？　また失敗談でも思い出した？

はい。また思い当たることがありました。先日、部長が私の顔を見て、笑いながら、「君、もう少し文章の練習をしなさい」って言ったんです。どこで私の文章を読んだのかな……って思っていたけど、きっと私のブログを読んだんです。

ハルカちゃん、ブログを始めたんだね。

はい。これからの時代はブログぐらい書けないとダメだって先輩に言われて始めたんです。美味しかったご飯の写真をアップして、感想をいっぱい書いたんですけど、その文章が間違いだらけだったのかも……。

ははは、あまり深刻に考えなくてもいいよ。僕がきちんと教えてあげるから、これから論理的な文章を書けるようになればいい。**メールでも、ブログでも、いつ誰に読まれてもいいように、「論理」を意識して文章を書くことが何よりも大切なんだ。**

……はい、先生。私、本当に反省しました。

でも実は、デジタルデータにはまだ怖い点があるんだよ。

……も、もう聞きたくないかも。

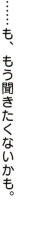

会話なら、話し相手が目の前にいるよね。だから、内容をわかっていれば相づちを打ってくれるし、わかりにくかったら聞き返してくれるかもしれない。

でも、メールやブログは目の前で読まれるわけではないよね。

その通りです。

だから、どんなにひどい文章でも、それを読んだ人は陰で笑っているだけで、本人にわざわざ面と向かって「あなたのブログの文章はなってない」なんて言いに来ないはず。

あぁ、きっと今まで気づかなかっただけで、私が書いた文章は陰でみんなから笑われていたんですね。上司や彼氏候補だけでなく、もっとたくさんの人たちからも。

そんなに深刻な顔をしないで。これから「論理的に文章を書く技術」を丁寧に教えるから、元気を出して頑張ろう。きっとみんなが見直すような文章を書けるようになるよ。

本当ですか？　今からでも遅くないですか？　仕事も結婚もすべて先生にかかっているんです！　だから、全部教えてください!!

もちろん！　大丈夫だよ。

私たちは二つの世界を生きている

現代は「書く時代」だと言ったけれど、それにはもっと深い意味があるんだ。

えっ、そうなんですか？

現代の僕たちは、二つの世界に生きていると言えるんだよ。

ええっ！　この地球以外にも世界が存在するんですか？

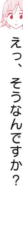

いやいや（笑）、そうじゃなくて、「物質世界」と「物質でない世界」の二つだよ。ハルカちゃんは「物質世界」って言われたら何をイメージする？

う～ん。「物」だから、洋服とか車、ブランド品かな。あと、食べ物も「物」ですよね。

そうだね。そして、物質世界を牛耳っているのが「お金」だ。物は基本的にお金で買うことができるよね。

私も豪邸に住んで、ブランド品を身につけて、豪華なレストランでお食事をするっていう生活を送ってみたいです。でも、ＯＬの給料じゃとても無理……。お金持ちの王子様を探すしかないですよね、先生。

王子様が見つかるかはともかく（汗）、お金で買うことができるのは、あくまで「物」であって、世の中にはお金だけでは解決できない世界が存在する。

それはもちろん、好き嫌いの感情とかは、お金じゃどうにもなりません。私、イヤっていうほどわかってます。あっ、もう一つの世界って、「心」ですか？

いや、「情報」だよ。

ええっ？　情報の世界？

そう。**現代では、「情報」を制した人がお金を得ることができ、そのお金で「物」を買うことができる。そういった意味では、現代の私たちは「情報世界」にも生きていると言えるんだ。**

うーん。情報世界って言われても、よくわかりません。

たとえば、僕が予備校で行った講義の多くは、衛星放送やインターネットで流されているんだけど、その大部分は昔撮った映像なんだ。つまり、「物」としての僕は、その場では講義をしていないけれど、過去の映像は今でも多くの受験生を教えているんだよ。

過去の映像でも先生にお金が入るんですか？

もちろん。生徒は生の講義でも映像講義でも、同じように授業料を払うからね。過去の映像は広い意味で「情報」と言える。つまり、この場合「物」ではなく、「情報」がお金を生んだことになる。

た、確かに！

昔は、物を生産し、それを店舗まで運送して、販売し、売れ残ったものは廃棄処分にするしかなかった。つまり、「物」しか扱えなかったんだ。

う～ん、物ってたくさんあるとかさばるし、大変かも。

その通り。たとえば、本は何千・何万冊と印刷・製本されるけど、けっこうかさばるし、重いんだ。

そうですね。そして、それを書店に運ぶだけでも大変そう。

そうだね。卸し業者である取次店が本を各書店に運び、書店員がそれらを棚に並べる。しかも、売れ残った本は返本され、最終的には断裁されてしまうんだ。

えーっ、もったいない！

だから、かなりのお金がないと、本をつくることなんてできないんだ。一方で、電子書籍は言葉による情報だけだから、重さがなく、かさばらない。取次店も書店も必要ない。

そうかぁ。だから、人手もお金もかからないんですね。先生のおっしゃる、「物質世界」と「情報世界」が、少しだけわかった気がします。

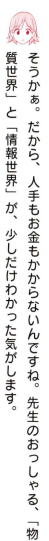

言葉は情報世界の主人公

これからの時代は「物」を売るよりも、「情報」を売る時代になる。音楽だって、今やCDよりもダウンロードの方が主流だ。

確かに、音楽はほとんど携帯でダウンロードしています。簡単ですしね。

だから町には、昔でいうレコード屋さんがどんどんなくなっているよね。つまり、「物」を売るレコード屋さんではなく、「情報」を売り買いするインターネットサイトやアプリがビジネスの中心となっているんだ。

では、ハルカちゃん、その「情報」には、音楽以外にどんなものがあると思う？

え～と、映画、アニメ、写真とか……かな。

うん。それらは音や映像が中心だね。それらのコンテンツを制作しようとしたら、楽器や機材などをそろえるためのお金が結構かかるし、特殊な才能や訓練も必要になる。

う～ん確かに。私にはそんな才能ないからできません。

それに対して、電子書籍、有料メルマガ、情報教材などはどうかな？

あっ。先生、だんだんわかってきました。電子書籍とか有料メルマガは、全部言葉です。大きな資本は必要ないし、いったんコンテンツをつくってしまえば、あとは無限に生産することができるんですね。

その通り！　つまり、**「情報」の中でも「言語情報」はお金がかからないし、誰でも生産することができるんだ。**

誰でも扱える言葉がお金になるなんてすごいです！

うん。だから、今の時代は物よりも、言葉で「情報」を生産、販売する方がはるかに効率的だ。今まさにビジネスの世界では、産業革命に匹敵する革命が起きているんだよ。

先生、私も早く言葉の扱い方を知って、お金をじゃんじゃん稼ぎたいです！

ハルカちゃんの目つきがコワいし、目的も変わってる気がするけど……（汗）。では、次にこんな話をしてみよう。

若くして億万長者になるコツ

最近、僕の知人の中に、若くして、すごい金額のお金を稼いでいる人たちが次々と現れているんだ。彼らは親の資産があったわけじゃなくて、資本金も学歴も人脈もないところからスタートして、自分の力だけで短期間で成功しているんだよ。

えーっ、すごい！　どうやったんですか？　ぜひ、教えてください。

ハルカちゃんは、アフィリエイトって知ってる？

はい。聞いたことがあります。自分のホームページとかで、広告を掲載するんですよね？

うん。ビジネスの中心が「物」から「情報」に移った現代では、品物をお店ではなく、ネット上で買う人が増えている。

そこで、自分のホームページやメルマガなどにいろんな広告を掲載して、商品の購入につなげることで、その売り上げの一部を報酬としてもらうんだ。

私も好きな芸能人のブログに掲載されていたダイエット食品の広告を見て、衝動買いしちゃったことがあります。あまり効果はなかったけど……。

ははは。そんな経験をしている人も多いと思うよ。たとえば、毎日何万ものアクセスがあるブログに商品の広告を掲載すれば、かなりの人が広告を見てくれるから、商品の売り上げアップにつながるよね。だから、企業も商品の広告を掲載したいと思うはずだ。

なるほど。確かにそれなら資本金も学歴も人脈も必要ないです。それで何億も稼げちゃうなら、私もアクセス数の多いブログを書けるように頑張ります！

ちょっと待って。確かに少し前までは、誰もそんなことをしていなかったから何億も稼げたけど、今はもうみんながマネしているから、そんなに収入は得られないよ。

それに、これは単に現代が「書く」時代だという例として紹介しているだけで、何もハルカちゃんにアフィリエイトを勧めているわけではないんだ。

何だぁ……。億万長者の夢を見ちゃいました。

でも、現代はメールやブログなどを利用して、言葉を上手に操れる人が、社会において成功を収めることができるとわかっただろう？

はい。つまり、書くことができない人は、現代では成功しにくいってことですよね。先生、私「書く技術」を学びます。だって、結婚と仕事と億万長者の夢がかかっているんだから。よろしくお願いします！

第1章のポイント

- 現代は不特定多数の読み手に向けて「書く」時代である。
- 電子情報で書いたものは、誰に見られているかわからないと覚悟せよ。
- 不特定多数の読み手に向けて「書く」には、論理が不可欠である。
- 「情報」を征した人が成功する。その「情報」の中心は「言葉」である。

第2章

あなたの文章は誰もわかってくれない

帰省してるよ！
父とチャッピー
うちのチャッピー
かわいいじゃろ？
かわいいね
お父さんは元気だった？
うん
さっき一緒に
散歩したんだけどさ
セミの死骸とか
食べようとして大変だった
え!?

「話すように書く」は間違い！

不特定多数の他者に向けて情報発信するための「書く技術」を獲得するためには、「話し言葉」と「書き言葉」との違いを理解しなければなりません。

そこで、「書き言葉」の特質を明らかにした上で、次に日本語の規則の必要性と、論理の重要性について講義します。

また、論理を使いこなせるようになるために、感情語と論理語の違いや、論理語で外界の情報を整理する必要性についても講義します。

ここまでが「書く準備」についてですが、実はこの準備段階が「書く技術」を修得するためには、何よりも重要になりますので、しっかり学習しましょう。

ハルカちゃん、子供のときに作文の授業で、「話すように書きなさい」って先生から習わなかった？

はい、言われたことあります。普段から話しているのと同じ要領で、肩の力を抜けば書けるからね、って。

なるほど。子供の頃は、文章を書こうとするだけで固まってしまう子がいるから、先生はもっと気楽に書けばいいって、親心で言ったんだろうね。

私はもう大人だけど、書くのが本当に苦手です。仕事関係のメールや企画書とかは、何をどう書いていいかわからなくて、パソコンの前でかなりの時間固まってしまいます。でも、話すように書けばいいって思うと、少しは気が楽かも。

ところが、**「話すように書く」は、間違いなんだ。**

ええっ⁉　どうしてですか？

「話す」のと、「書く」のとでは、大きな違いがあるんだよ。何かわかる？

え〜と、話すときには相手がいるけど、書くときは一人ぼっちです。

そうだね。会話は必ず相手がいるから、相手の話がわかりにくかったら、すぐにその場で質問できるし、表情やジェスチャーで意味を汲み取ることもできるよね。それに、家族や友達同士なら、「あれね」とか雰囲気で、何となくお互いにわかり合うこともできる。

確かに、書くときより話すときの方が気楽です。友達とのおしゃべりなら、何時間だってできるし。

それに対して、文章を「書く」ときはどうかな？

えっと、相手がいないから、自力で完成させなければいけません。

そうだね。そして実は、「話す」のと「書く」のとでは、もう一つ大きな違いがあるんだ。

えっ、何ですか？

たとえば、ハルカちゃんが会話の中で言い間違いをしても、その言葉はあとには残らないよね。会話の言葉は話し手の口から発せられた瞬間から、消えていくからね。

あぁ、確かに。私、よくお母さんと「言った」「言わない」のケンカになるんですけど、お互いに証拠が残ってないから、いつもうやむやになるんです。

一方で文章はどうかな？

あっ、なるほど。文章は証拠としてあとに残ります。

そう。いったん完成して、提出された文章は、もう取り返すことはできないし、あとから修正することもできないんだ。

そう言えばこの前、会社で部長に提出した書類に、あとから間違いがあることに気づいたんですけど、「その書類いったん返して」とは言えませんでした。

そんなふうに、**相手の手に渡った文章や、デジタルデータとして公開された文章は、たとえ論理的でなかったり、日本語の規則に違反していても、自分の手の届かないところで保存されてしまう可能性があるんだ**。つまり文章は、ハルカちゃんの能力や教養を刻印したまま、のちのちまで残るものなんだよ。

先生、そんなに脅かさないでください。あぁ、私が今まで提出したり、発表してきた文章って、とんでもないレベルだったんだろうな……。

うん。だから、文章は誰に見られても恥ずかしくないように、完成品として提出する必要があるんだ。どうも今の人たちは、あまりに無防備に文章を書いているように思えるよ。

私も、ただ思いつくままに書いていました……。反省します。

たとえば、ネットのブログや掲示板などに、感情的な言葉を書き連ねる行為は、大勢の人が道行く往来で、大声で怒鳴っているのと同じで、とても恥ずかしいことなんだ。

自分の彼氏がそんなことしてたら、恥ずかしくてすぐ別れちゃいます。文章も同じなんですね。誰に読まれているのかわからないんだから、もっと冷静に、気をつけて文章を書かなければいけないと思います。

そうだね。ブログや掲示板にひどい言葉を書いてしまった場合、たとえあとから反省しても、それを読んだ見知らぬ人、一人ひとりに訂正と謝罪をすることはできないからね。

はい。先生が文章を無防備に書いてはいけないと言った意味が、ようやくわかりました！

ちなみに、僕は大勢の前で講演した内容が記事になる機会が多くあるんだけど、それをそのまま文字化したものを読むと、思わず冷や汗が出ることがある。

えっ、どうしてですか？　先生の講演ってわかりやすいのに。多分。

多分とはひどいね（笑）。講演では、目の前の聴衆の反応を見ながら、声を張り上げたり、間を取ったり、強調のために同じことを繰り返したりするんだ。
でも、それをそのまま文字にすると、どんなに評判の良かった講演でも、やたら重複表現の多い、感情的でわかりにくい文章になってしまう。

それだけ「話し言葉」と「書き言葉」は違うってことなんですね。

そうだね。たとえば、「話し言葉」のときは、少し言葉が足りなかったり、主語が頻繁に省略・転換されたりしても、聴衆はその場の雰囲気や話の流れで内容を理解できるんだ。
でも、文章は誰が読むかわからないから、言葉が足りなかったり、主語がなかったら、ただのわかりにくい文章になってしまう。

じゃあ、どうしたらわかりやすい文章を書けるんですか？

うん。**不特定多数の他者に向けて書く文章は、徹頭徹尾、論理的でなければならないんだ。**ちょっとした論理の飛躍、矛盾、破綻が命取りとなって、せっかく素晴らしい文章なのに、それが台無しになってしまうこともある。

はあ〜。先生、論理は『記憶術』で少し習ったけど、私には論理的な文章を書くことなんて、とても難しくてできなそうです……。

大丈夫！　誰だって初めから一つもミスのない、完璧な文章なんて書けないよ。まずは、書き言葉の利点を考えてみよう。

ええと、それってその場で消えないってことですか？

その通り。書いたものがちゃんと残っているんだから、他の人の目に触れる前に、自分で何度も読み返して間違いを発見すればいい。

あっ、推敲《すいこう》すればいいんですね！

そうだよ。日本語の規則に違反していないか、論理に飛躍や矛盾はないかを意識して推敲するんだ。その方法はあとでじっくりと教えるから安心してね。

はい。私の文章が相手に伝わらなかったのは、「話す」と「書く」の区別ができずに、ただ思いつくままに書いていたことが原因だったのかも。

うん。「話すように書きなさい」は間違いだから、これからは注意しよう。

他者意識が文章の第一歩

ハルカちゃん、「他者意識」って、もうわかるよね。

はい。「自分のことは誰にもわからない」っていう意識のことですよね。

そうだね。**「別個の肉体を持ち、別個の体験をしている人間である限り、たとえ親子であっても簡単にはわかり合えない」という意識のことだ。**

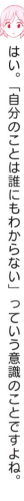

あぁ、わかります。私の父親なんて本当に感覚が古くて、「女性は常に奥ゆかしくだぞ」って、ずっと私に言ってますから。親子でもまったくわかり合えてません。

あははは。お父さんの気持ち、わかる気がするけどね。

えっ？　ちょっと、それってどういう意味ですか！

気にしない、気にしない（汗）。つまり、**文章を「書く」ときにも、「人はそう簡単にわかってくれない」という前提から出発する必要があるんだ。**ハルカちゃんは自分が書いた文章がうまく伝わらないとき、それを相手のせいにしていないかな？

う〜ん、ほんの少ししてるかも。「課長、何でわかってくれないの」って、心で思うことがあります。でも、どうしたら人に伝わる文章が書けるんですか？

うん。まず大切なのは、読む人のことを考えて、わかりやすい文章を書くという意識を持つこと。そして、言葉の共通の規則に従って書くことだね。

えっ、言葉に規則なんてあるんですか？

うん。日本語の共通の規則が文法で、普遍的な言葉の規則が論理なんだ。それを誰からも教えてもらわずに、たくさんの文章を書いても、一向に上達しないんだよ。

……何だかちょっと難しそう。不安になってきちゃいました。

大丈夫。ちゃんとこれから説明するからね。ところで、現代は、不特定多数の他者に向けてデジタルデータとして文章を書く時代になったって言ったよね。

はい。あっ、そこで必要なのが論理なんですね。

そうだね。他者に向けて文章を書くときには、筋道を立てて論理的に書く必要がある。

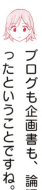

ブログも企画書も、論理を意識しないまま書いていたから、相手に伝わらなかったということですね。

そうだね。それに、誰に見られるかわからないのに拙《つたな》い文章を発表するのは、裸で町を歩いているのと同じだよ。

えぇっ！　そんなの絶対イヤ!!　どうせなら、着飾って歩きたい。先生、どうか論理的な文章の書き方を、私でもわかるように、やさしく教えてください！

感情語と論理語

論理的な書き方に入る前に、「感情語」と「論理語」について説明しておこう。

感情語と論理語って、どう違うんですか？

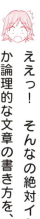

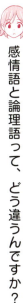

まず感情語には、大きく二つの特徴があるんだ。一つ目は、もともと「肉体にこもった言葉」であるってこと。

肉体にこもった……？　意味がわかりません。

たとえば、犬や猫が威嚇したり、甘えたり、餌をねだったりするとき、ワンとかニャンって鳴くけど、そのワンとかニャンって、誰かに教えられたわけではないよね？

もちろん、そうです。あっ、生まれつき持ってるものってことですか？

うん。犬や猫が鳴くのは先天的なもので、学習や訓練によって習得したものではないよね。そして、感情語の二つ目の特徴は、「他者意識がない」ってこと。

確かに、犬や猫は自分の感情をワンとかニャンで表現しているだけで、「相手に伝えたい」っていう意識はなさそうですよね。

でも、実は人間も感情語を使うことがあるんだよ。わかるかな？

えっ！　私はワンとかニャンなんて言わないですから、わかりません。

正解は、赤ちゃんの泣き声。赤ちゃんが泣くのは、何も悲しいときだけではないよね。自分の不満や欲求の伝え方がわからないから泣くんだ。そして、誰かがその不満や欲求を解消してあげなければ、赤ちゃんはむずかるか、泣き寝入りをするしかない。

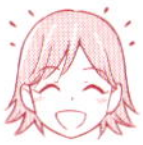

確かに赤ちゃんも他者意識がないですね。感情語って、赤ちゃんの泣き声だったんですね。納得。

でも、ハルカちゃんも感情語を使っていると思うよ。

えっ！　先生、失礼しちゃう。私のような立派な大人は、そんなの使いません！

では、ハルカちゃん。「ムカつく」って言ったことない？

あります。と言うか、一日に数回は言ってるかも。

「ウザい」は？

あっ、それもあります……。

たとえば町中で、若者と年配の男性がこんな会話をしていたらどう思う？

「オッサン、うぜぇよ」

「えっ!?」

「だから、うぜぇって言ってんだよ」

「どうして？」

「うぜぇったら、うぜぇんだよ」

会話になっていませんね。私の彼氏には絶対こんな言葉は使ってほしくありません。あっ、私も気をつけなきゃ……。

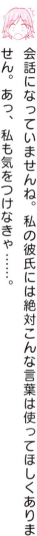

これも「感情語」だ。自分の中の不満を言葉では説明できないけれど、誰かに気づいてほしい。だから、「ムカつく」「ウザい」という言葉が口をついて出る。そして、もし、誰もその不満を解消してくれなければ、突然キレたり、引きこもることしかできないんだ。

本当だ。赤ちゃんが泣くのと似てますね。

赤ちゃんは言葉を知らないから仕方がない。でも、いい大人が感情語しか使えないとしたら、困ったものだよ。

確かに……。先生。私、今日から感情語を使うのやめます。

いや、すべてやめる必要はないよ。別に「ムカつく」と言ってもいいんだ。ただし、ちゃんと論理語も使えた方がいいね。

あっ、ここで論理語の登場ですね。でも、論理語ってまだよくわかりません。

感情語と論理語

感情語
ニャー
ワン
ムカつく！
オギャー
他者意識がなく、自分の欲求や感情のみを伝える言葉
論理語
①私はこう考えます
②なぜなら…
③よって…
自分の意志を筋道を立てて説明する言葉

たとえば「ムカつく」と言ったとき、自分がムカつく原因は何で、それを解消するにはどうすればいいのか、そういったことを他者にもわかるように、論理的に説明する言葉のことだよ。それができれば、感情語を使っても何の問題もない。

なるほどぉ。何でもかんでも、感情語だけで自分の気持ちをまき散らしているようじゃダメってことですね。論理語も使えるようにしなきゃ。

うん。たとえば、メールやラインで使われる絵文字も感情語だ。

私よく使います。だって文章にする

よりラクだし……あっ、でもこれがいけないんですね。

そういうときは、自分の考えや気持ちを論理的に表現してから、最後に絵文字をつけてみるといいだろうね。

論理語で世界を整理する

先生、論理語は「論理的な言葉」ってことはわかるんですけど、何だかまだピンと来ません。

そうだね。では、ハルカちゃん、目をつぶってごらん。

えっ、先生、私に変なことしないでくださいね。

し、しないよ（汗）。では今から、一切言葉を使わずに、何でもいいから考えてみて。

わかりました！　え～と…………ん？　あれ？　頭の中がぼんやりして、何も考えられません。一瞬、「先生、変なこと言わないで」って考えたんですけど、言葉を使っているから反則ですよね。

そうだね。こんなふうに、言葉を使わず、何かを考えようとしてもできない状態を、カオス（混沌）と言うんだ。

私の頭の中、そのカオスでした。

ところでハルカちゃん、聖書で「初めに言葉ありき」って書かれているんだけど、その意味を知ってる？

聞いたことはあるけど、意味はよくわかりません。

たとえば、天と地が分かれ、人間が存在していても、言葉がなければ、天は天でなく、地は地でなく、人間は人間でない。すべてがカオスの状態なんだ。

ひょっとして、「天」は「天」っていう言葉があるから「天」って認識できるってことですか。

そう。言葉がないときも、もちろん「天」はあったけど、それは「天」として認識されていなかった。つまり、**人間が言葉を初めて持った瞬間、世界はカオスから脱却したんだ。**

「初めに言葉ありき」の意味がわかりました。

うん。そしてこのとき、人間が手にした言葉が感情語ではなく、論理語なんだよ。

論理語って、人間しか持っていない言葉なんですね。

うん。**人間は言葉で世界を整理したんだ。**天と地、動物と植物、心と体、神と悪魔、右

カオスの世界

▶言葉がなく、
何も考えることができない

言葉で整理された世界

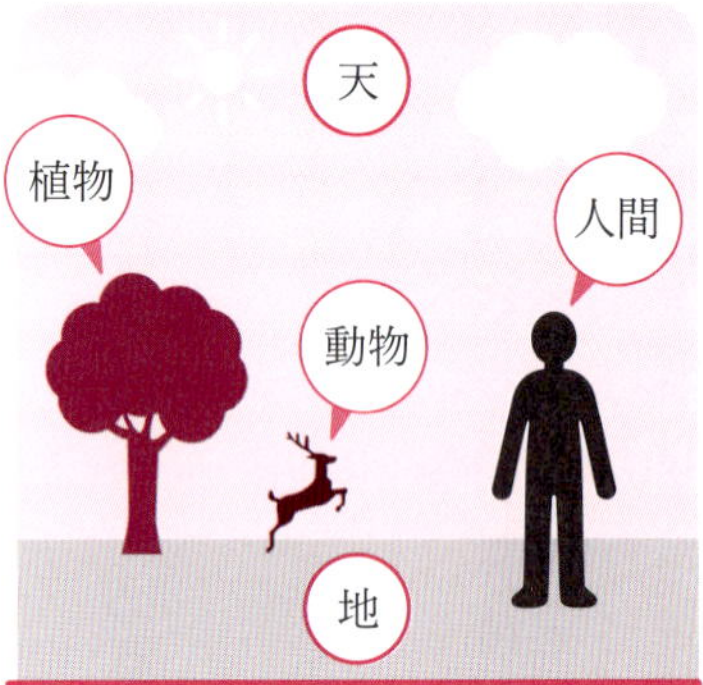

▶言葉で情報を整理し、
論理的に考えることができる

と左など、**あらゆるものをいったん言葉に置きかえ、外界の情報を整理することで、初めて論理的に考えられるようになったんだよ。**

論理語がなかったら、ずっとカオスだったんだ。先生、言葉が世界をつくっているって思うと、面白いですね！

たとえば、「暑い」という言葉だって論理語だ。論理語を使うことのできない犬や猫は暑いと思うことができないよね。

でも、うちの犬は暑い日には、「はあはあ」って言いますよ。

もちろん暑いと感じるのは皮膚と神経だから、犬や猫でも人間から見たら暑いと言っているように見える。でも、これはあくまで論理語を持った人間が、それを「暑い」と定義したただけで、言葉を持たない犬や猫自身は、カオスの状態にいるんだ。人間だけが「暑い」「寒い」と、論理語によって、自分の状態を認識し、整理できるんだよ。

つまり、感情語でしか表現できない人は、犬や猫とおんなじってことですね。

ちょっと厳しい言い方だけど、不正解ではないね。

私、せっかく人間として生まれたんだから、論理語を学びたいと思います。

言葉そのものが論理をはらんでいる

では、もう少し論理について話してみようか。

えっ⁉　まだ文章の書き方を教えてくれないんですか？　先生のお話は準備段階が長すぎますよ。

……そ、卒直な意見をありがとう。でもまあ、論理的な文章の書き方を説明するためには、「論理」の話が大切なんだから、もう少し頑張って。

はい……わかりました。

実は論理って、言葉そのものの中にすでにあるんだよ。

どういうことですか？

ハルカちゃんは、前回の「記憶術」（『出口 汪の「最強！」の記憶術』参照）の勉強で、論理は**「イコールの関係」「対立関係」「因果関係」**だと習ったことを覚えているかな。

もちろんです。ちゃんと勉強しましたから。

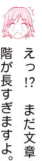

では、人類が初めて「男」という言葉を使ったとき、世界はどう変わったと思う？

先生、また変なことを言ってる。「男」という言葉が増えたんじゃないんですか？

そうかな。人類が初めて「男」という言葉を使ったんだよ。

たとえば、A君、B君、C君がいたとしよう。「男」という言葉がなかったときは、A君、B君、C君をそれぞれ個別にしか捉えていなかったということだね。

ところが、「男」という言葉を使ったということは、A君、B君、C君の共通点を抜き取ったということだ。これを「抽象」と言い、まさに世界の捉え方が変わったんだ。

あっ、先生、「記憶」の勉強のときに習ったことを思い出しました。A君、B君、C君がそれぞれ「具体」で、その共通点を抜き取ったものが「抽象」でしたよね。抽象的な言葉があるから、世界を論理的に整理できるんですよね。

そうだったね。そして、「男」という言葉は、すでに「イコールの関係」をはらんでい

「具体」と「抽象」

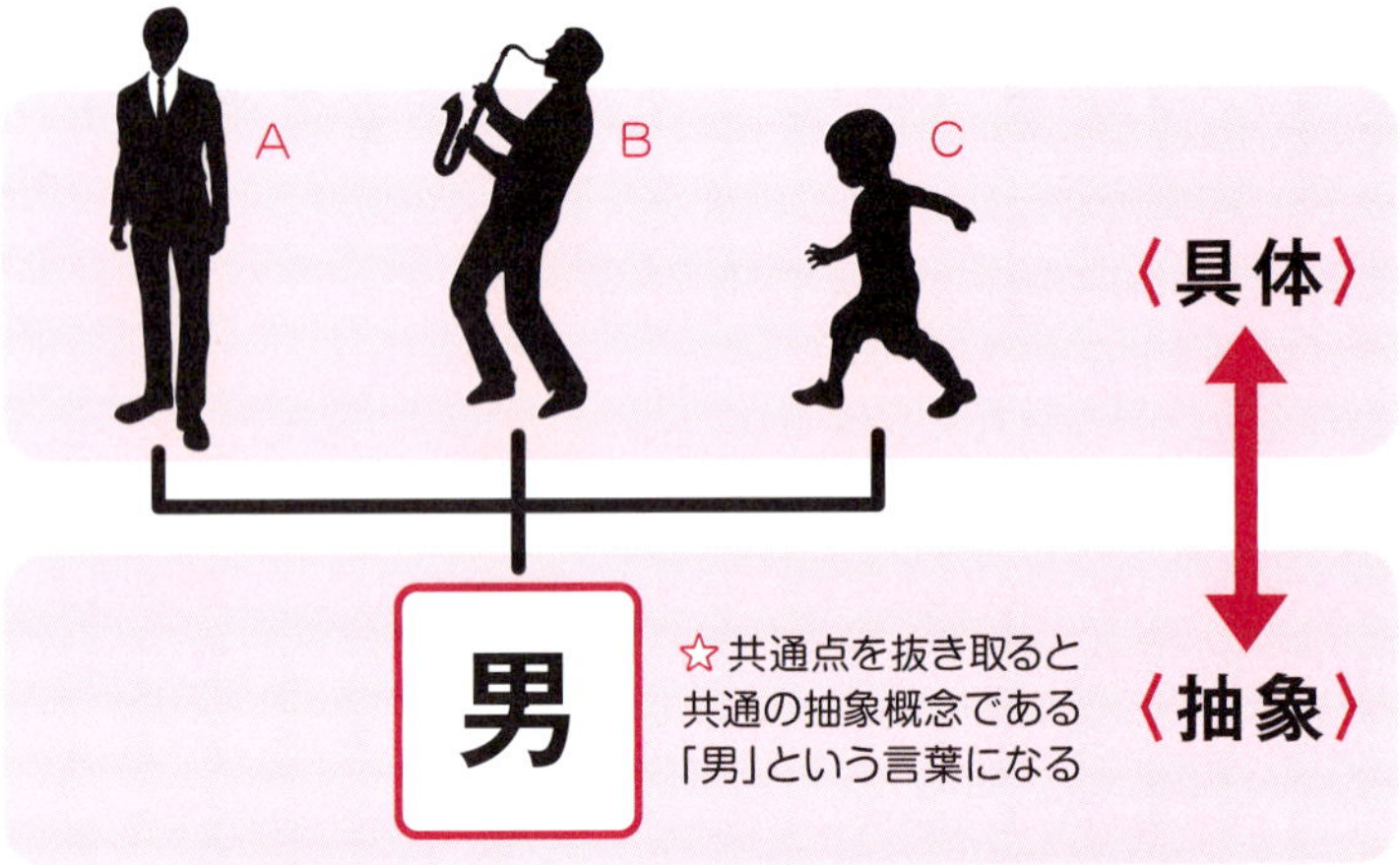

「イコール」の関係と「対立関係」

☆「男」という言葉の中に、「イコールの関係」と「対立関係」が含まれている

るんだ。

あっ！「A君、B君、C君（具体）＝男（抽象）」ですね。

うん。さらに、「男」という言葉がなければ、その「対立関係」にある「女」も意識されないはずだ。「男」という言葉があるから、「女」という「対立関係」が生まれたんだよ。

ああ、それってすごいことですね。「男」という言葉の中に、すでに「イコールの関係」と「対立関係」が含まれているなんて。

そうなんだ。今や当たり前だけど、世界中の人が「男」「女」という世界の整理の仕方を無意識にしている。まさに論理が普遍的ということを証明してるよね。論理は言葉と共に生まれ、未来永劫、言葉がある限りは、論理がなくなることはないんだよ。

納得です。論理は世界共通語なんですね。

だから、お互いに理解できない他者と理解し合うには、論理という共通の規則を使う必要があるんだよ。

私も論理を使って、男性に繊細な思いを伝えられるようになりたいです！

犬や猫は死なない

ところで、論理の基本はもう一つあったよね。

はい。「因果関係」ですね。先生、「因果関係」でも世界を整理できるんですか？

実は「因果関係」は他の二つとは少し異なっているんだ。たとえば、強風が吹いていたとしよう。犬や猫なら、それをただ漠然と見ているだけだ。

犬や猫は論理語を持っていないから、自分の目の前で起こっている状況が認識できないんですね。

そうだね。だから、論を前に進めることもできないんだ。もしハルカちゃんが町を歩いていて、急に強風が吹いてきたらどう思う？

え〜と、「強い風が吹いているから、建物の中に避難しよう」かな。

そうだよね。このときの「から」が因果関係を表す言葉なんだ。

A　強い風が吹いた（原因）

だから

B　建物の中に避難しよう（結果）

つまり、AからBへと論を進めたと言える。こんなふうに、人間が次に考えを進めることができるのは、「因果関係」という論理語を持っているからなんだ。

じゃあ先生、「彼氏にフラれたから、やけ食いをする」とか、「上司にバカにさ

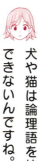

「因果関係」で整理する

れたから、「フテ寝する」も、因果関係ですよね。

……う、うん。たとえがすさまじいけど（笑）、そうだね。人間の思考は絶えず連続的だから、僕たちは無意識にこの因果関係を使って考えていると言えるんだ。

論理は、「イコールの関係」「対立関係」「因果関係」という三つの言葉の規則を使えればいいんですね。

うん。では、最後にもう一つお話ししよう。ハルカちゃん、犬や猫は死なないって、知っていた？

先生、おかしなことを言わないでください！　私、ペットの猫が死んだとき、悲しくて悲しくて、泣きながらお葬式をしたんですよ!!

猫が死んだと思ったのは、ハルカちゃんだよね。当の本人は死んだとは思っていないよ。猫は論理語を持っていないからね。

……あっ！　た、確かに。でも、本当にそうなのかな？

猫や犬は「死」という言葉を持っていないから、彼らにとって「死」は存在しないんだ。

そうだとして、犬や猫が「死」を意識していないのなら羨ましいです。

そうだね。人間の場合は「死」という言葉を持ってしまったから、「死」から目を背けることができなくなったんだ。

「死」っていう言葉なんて、無くなっちゃえばいいのに。

では、こう考えてみるのはどうかな。「死」があるから恐怖が芽生え、宗教が誕生し、死後の世界を考え始める。そして、そこから対立関係が芽生え、「生」の意味を考えるんだ。

う〜ん、自分が生きている意味を考えるって、大切ですよね。

うん。「死」を意識するから、人生という定義ができ、時間という概念が生まれ、青春のはかなさを感じ、生きることが、かけがえのない宝石のように思えるんだ。哲学や文学も「死」という言葉がなければ、生まれてこなかったかもしれないよ。人間が文化を創り上げることができたのは、「死」という論理語のおかげだと言えるんじゃないかな。

先生、何だかちょっと感動しちゃいました。今まで、当たり前のように使っていた言葉の大切さが私にもわかってきました。

第2章のポイント

- 話すように書いてはいけない。
- 書くことは自己完結の行為で、証拠として残るものである。
- 不特定多数へ情報発信する際には、徹頭徹尾、論理的に書くこと。
- 他者に対しては、言葉の共通の規則を利用すること。
- 論理語でカオスの状態を整理せよ。
- 言葉そのものの中に論理が含まれている。

第3章

一文は論理でできている

岩井課長
3番が死んだので
片づけておきますね。
ハルカ
ズル
ズル
3番が死んだ

一文の要点には飾りが必要

本章は論理的に書く技術の中核となりますので、丁寧に学習しましょう。

まず、一文の論理構造をつかむことから始めます。一文は、「要点」となる主語と述語、目的語、そして、それを説明する「飾り」から成り立っています。一文が論理的に成り立っていることを理解し、日本語の規則を身につけましょう。

また、一文と一文との間にも論理的な関係が成り立っています。そこで、文章の中で論理的関係を示す「指示語」や「接続語」の使い方を学びます。

文章全体が論理的に成り立っていることを理解すれば、次第に論理的に書くことができるようになっていくのです。


よし。論理をきちんと理解できたところで、論理的な文章の書き方の話に入ろう。

待ってました！　人に伝わる文章の書き方を、ぜひ教えてください！

では、ハルカちゃん、まずは一文の書き方を教えよう。

先生、一文って、一つの文のことですよね。いくら私だって、一文くらい、先生に教えてもらわなくても、ちゃんと書けます。

でも、**一つの文の中に、日本語の規則のほとんどが詰まっているんだ**。長い文章だって一文の集まりだよね。だから、一文を論理的に書くことができれば、わりと楽に文章を書けるようになるんだよ。

そうなんですね。それでは、よろしくお願いします。

うん。ではまず、一文の要点は何か、わかるかな？

要点って、一番大切な部分ってことですよね。文によって異なるんじゃないんですか？

今、学習しているのは、日本語の規則の話だよ。その観点から言うと、**一文の要点は、「主語と述語」、そして、「目的語」だと言える。**

あっ、そうか。主語が「～が」で、述語が「～する」ですね。小学生のときに習いました。

そうだね。主語になる言葉を体言と言うんだ。体言は名詞しかない（文法学者によっては、名詞・代名詞という説を唱える人もいる）。この名詞は目的語にもなる、とても大切な言葉なんだよ。

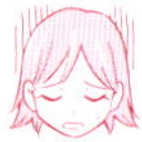

う～ん。少し難しくてよくわかりません。

たとえば、ハルカちゃんが自分の庭に花を植えたとしよう。毎日毎日水をやって世話をして、ある朝その花が咲いたのを見たら、きっと感動するよね。

さて、ハルカちゃんなら、それを言葉でどう表現する？

えーっと……「花が咲いた」。これだとちょっと簡単すぎるかな。

それでは、ハルカちゃんが育てた花が咲いたことを、何一つ表現できていないよ。

ええ？　どうしてですか。

今、ハルカちゃんが表現したいのは、目の前にある、たった一本しかない花のことだよね。しかも、花が咲いたその瞬間のことだ。でも、「花が咲いた」の「花」っていう言葉は、世界中の花に共通する概念を表したものにすぎないよね。

なるほど。「花」っていう言葉は抽象的ってことですね。ああ、先生わかりました。主語や目的語になる名詞って、ほとんどが抽象概念なんですね。

その通り。私たちが表現したいものがたった一つしかなくて、しかも、その瞬間だけのものの場合、抽象的な言葉ではそれを表すことができないんだ。だから、説明する言葉をつけて、表現したいものを絞り込む必要がある。

単なる「花」ではなく、「私が一週間前に買って、自分の庭に植えた、小さくてかわいい紫色のスミレの花」というようにね。

それなら世界中にある「花」とは違うってわかります。

「咲く」も同じだよ。「咲く」だけだと、世界中の花と同じ「咲く」という行為を表現したにすぎないから、ハルカちゃんが育てた花の咲く様子はわからない。

えっと……私の目に映った、咲く様子を描写する必要があるんですね。

その通り。「日の光を浴びてふわりと咲いた」などというようにね。一文は要点となる主語と述語、あるいは目的語と、それを説明する飾りの言葉とでできているんだよ。

なるほど～。「私が一週間前に買って、自分の庭に植えた、小さくてかわいい紫色のスミレの花が、毎朝水をやり続けていると日の光を浴びてふわりと咲いた」こんなふうに飾りの言葉をたくさんつけると、素敵な一文になった気がします。

そうだね。ただ、その要点は、あくまで「花が咲いた」だよ。

一文は「要点」と「飾り」でできているってわかりました。

技巧的な文章の書き方

では、一つ問題を出そう。

公園劇場で「サーカス」という芝居を見た。
曲馬の小屋の木戸口の光景を見せる場面がある。
木戸口の横に、電気人形に扮した役者が立っていて、人形の身振りをするのが真に迫るので、観客の喝采を博していた。

寺田寅彦『柿の種』

ハルカちゃん、傍線部の一文を要約してごらん？

えっ！　どれが大切な言葉かな？

自分の感覚で大切な言葉を選ぶのではなくて、あくまで言葉の規則に従って考えよう。

あっ、そうだった。一文の要点は、主語と述語、それに目的語です。

では、この一文の主語は何？

何だか、目がチカチカします。主語って、「誰が」に当たる言葉だから、あっ、わかりました！「役者が」です。

では、その役者がどうしたの？

え〜と、先生、おかしいです。「立っていて」と「博していた」と、述語が二つ

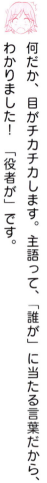

もあります。「博していた」の目的語は「喝采を」かな。

少しもおかしくないよ。「役者が立っていて」、それから「喝采を博していた」んだ。

あっ、そうか。「役者が立っていて、観客の喝采を博していた」で意味が通じます。これが一文の要点ですね。

でも、要点だけではわかりにくいから、主語に当たる言葉（体言）と述語に当たる言葉（用言）とにそれぞれ説明の言葉がくっつくんだ。

どんな役者かと言うと、「電気人形に扮した役者」、どこに立っていたのかと言うと、「木戸口の横に」、なぜ観客の喝采を博していたのかと言うと、その理由は「人形の身振りをするのが真に迫るので」だね。

先生、何となくわかってきました。説明の言葉って、結局、主語と述語にくっつくんですね。

そうだね。**主語と述語は必ず一文の中心になるんだ。**だから、その主語と述語が明確でなかったり、ねじれていたら、非常にわかりにくい文になってしまう。あとは、それらにいかにうまく飾りの言葉をつけることができるかどうかがポイントだよ。

わかりました！　これから文章を書くときは、要点をしっかり決めてから、肉づけをしていきたいと思います。

すべての言葉はつながっている

一文は要点となる言葉と飾りの言葉とで成り立っていたよね。そして実は、これらの言葉は必ず他の言葉と意味的につながっているんだ。

では、次の傍線部は、どの言葉とつながっているかわかるかな？

白い　新しい　車

これは簡単！「白い」→「新しい」です。

不正解！

えっ!?　どうしてですか？

言葉は必ずしも順番につながっているわけではないよ。意味を考えてごらん。「白い車」「新しい車」だよ。

な、なるほど。私としたことが、早とちりしちゃった。

では、次の傍線部はどの言葉とつながっているかわかるかな？

①　この　難しい　問題

②　たいへん　難しい　問題

もうわかりました。①「この」→「問題」、②「たいへん」→「難しい」です。

今度は正解。連体詞や動詞などの連体形（遊ぶ、白い、新しい、など）は体言（主語となる言葉）につながるし、副詞や動詞などの連用形（遊び、白く、新しく、など）は用言（述語となる言葉）につながるのが、日本語の規則なんだ。

ちなみに、このように文法的につながる場合以外でも、必ず言葉は他の言葉と意味的につながっているんだよ。

すべての言葉が他の言葉とつながっているんですか？

実は一つだけ例外があるんだ。たとえば、「やあ」とか「はい」などの感動詞は、独立語と言われ、それだけで意味を確立しているんだ。逆に言えば、感動詞以外のすべての言葉が、必ず他の言葉とつながっていると言えるね。

言葉がつながっているなんて、考えたことなかったです。

では、次の文では、どの言葉がどの言葉とつながっているか、矢印で示してごらん。

母は　しっかりねと　私の　肩を　叩きました。

先生、できました。今度は大丈夫です。

うん。それでは正解はこれ。

【答】

母は　しっかりねと　私の　肩を　叩きました。

やったあ！　正解です！　でも、「言葉のつながり」って、文章を書くときに役立つんですか？

大いに役立つよ。複雑な文章を書くときに、言葉のつながりを間違えてしまうと、おかしな文になったり、誤解を受けやすい文になったりするんだ。この辺りは、あとで説明するから、まずはこのくらいにしておこう。

はい、楽しみにしています。

付属語の使い方をチェックしよう

では、次のレッスン。単語には自立語と付属語があるって知っているかな？

あっ、それも小学校のときに習った記憶があります。でも、その頃は訳がわかりませんでした。まあ、今もよくわからないままだけど……。

ところで、ハルカちゃんは日本語の文法に自信はある？

文法なんて意識したことないです。

そうだね。日常会話では、必ずしも文法通りに正確に日本語を使っていなくても、相手に言いたいことは伝わると思う。でも、その感覚で文章を書くと、今まで説明したように、不特定多数の読者にとっては、わかりにくい文章になってしまうんだ。

私が書く文章も、正しい日本語の使い方ができていない気がします。先生、どうぞよろしくお願いします。

うん、大丈夫だよ。まず、自立語とは単独で意味を持つ単語、付属語とは単独で意味を持たない単語のことだ。付属語はそれ自体意味を持つことができないから、必ず自立語にくっついて、意味として最小限の単位である文節をつくろうとする。

せ、先生！　混乱します。難しくてよくわかりません。

では、例を挙げよう。

「僕は男だ。」

この文を単語に分けてごらん。単語とは言葉の最小限の単位だよ。

これなら簡単。「僕」「は」「男」「だ」の四つで、これ以上分けることはできません。

そうだね。では、この四つの単語の中で、それだけで意味を持っているものは？

「僕」「男」です。「は」「だ」は、これだけでは何のことかわかりません。

うん。単独で意味を持っている「僕」「男」が自立語、単独では意味を持っていない「は」「だ」が付属語だね。ところで、文章は意味を表すものだということはわかるよね。

もちろんです。

だから、単語が集まって、意味上の最小限の単位である文節をつくろうとするんだ。そこで、単独では意味を持たない付属語は、必ず意味を持った自立語とくっついて、文節をつくることになる。

じゃあ、「僕は」「男だ」が文節ですね。

その通り。付属語はさらに活用する助動詞と、活用しない助詞とに分けられる。「僕は」の「は」は助詞、「男だ」の「だ」は助動詞ということになる。

では、実際の文章の中で付属語はどれくらいの割合で使われていると思う？

え〜、そんなのわかりません。文章によって違うと思うし……。

もちろん文章によってまちまちだよ。そこで、参考までに寺田寅彦『柿の種』の文章を見てみようか。

日常生活の世界と詩歌の世界の境界は、ただ一枚のガラス板で仕切られている。

このガラスは、初めから曇っていることもある。

生活の世界のちりによごれて曇っていることもある。

寺田寅彦『柿の種』

傍線を引いた単語が付属語だ。

わあ〜、けっこう多い！

そうだね。この三文の中に一九個も使われている。ちなみに自立語の単語数は二七個。

自立語の方が少し多いですね。

でも、自立語の数は辞書を見ればわかるように、数万語以上。それに対して、付属語はおよそ一〇〇個くらいだ。

全部でたった一〇〇個くらいの助詞・助動詞が、文章の約四割を占めているんですね。と言うことは、付属語の使い方をしっかりと学ばなければ、正確な文章は書けないってことですよね。

うん。私たちは学習しなくても、普段から自然と付属語を使っているけれど、もし間違った使い方をしているならば、それを修正しないと、生涯恥をかき続けることになる。

それって、怖い。先生、私が恥をかかないように、しっかり教えてください！

もちろんだよ。

助動詞の使い方をチェックしよう

では、ハルカちゃん、次は助動詞の使い方に間違いがないか、チェックしてみよう。

はい～。ちゃんとできるかなぁ……。

次の文章は、ある不動産会社の人から僕に来たメールだ。

では、（a）～（f）に指定の文字数で適切な助動詞を入れてごらん。

当物件の売却についてですが、以前の買主様が先送りとなっていたのですが、予定よりも早くにお手続きを進め（a〈2字〉）そうなので、より早くにお手続きができる（b〈2字〉）手配をさせていただきます。

一度契約破棄となってい（c〈1字〉）案件ですが、何卒宜しくお願い申し上げます。

誠に申し訳ないのですが、○○の売却の契約書に関しましては契約内容が変更になるため、再度調印をいただく必要がございます。

つきましては改めてお伺い（d〈2字〉）ていただき、ご調印をお願い申し上げます。

東京の事務所等にお伺い（e〈2字〉）ていただくようにいたします。

まずは、現在の状況をお伝え（f〈2字〉）ていただきました。

お手数をおかけいたしまして申し訳ございませんが、何卒よろしくお願い申し上げます。

さあ、できたかな？

はい！　あまり自信ないけど……。

では、これが答！

（a）られ　（b）よう　（c）た・る　（d）させ　（e）させ　（f）させ

やったぁ！　また全問正解。私、天才かも。

うん、お見事。でも、助動詞は全問正解が基本だよ。もし、一つでも間違えたら、今まで日常でずっと間違った使い方をしてきたということだからね。

なんだぁ、そうなんですね。でも正直、ほっとしました。ところで、先生、この文って、本当に先生に送られてきたものなんですか？

うん、本物だよ。わりとベテランの営業マンのメールなんだ。

助動詞を意識してこの文章を読んだら、「改めてお伺いさせていただき」「東京の事務所等にお伺いさせていただく」「現在の状況をお伝えさせて」と、「させ」が三つ連続しているので、変な感じがしました。

よく気がついたね。この「させ」は使役なんだけど、その前にも実は「手配をさせていただきます」と、使役の「せ」を使っている。さらに、「お手続きができるよう」「お伺いさせていただくよう」と、短い文章の中に「よう」も繰り返し使われているね。

でも、私もやってしまいそう……。先生、どうしたらいいですか？

あまり丁寧すぎる表現は、逆効果になる場合があるんだ。さらに、短い文章ばかりだと、文末が単調になる傾向がある。だから、こうしてみればいいと思うよ。

契約内容が変更になるため、再度調印が必要となります。

つきましては、東京の事務所等にお伺いさせていただき、そこで調印をお願い申し上げます。

あっ、スッキリ！

うん。おかしな文章を書いてしまっても、気をつけて推敲さえすれば、何も心配いらないんだ。

私もこれからは気をつけます。

では、最後にもう一つ問題を解いてみよう。次の問題は助動詞ではないけれど、補助動詞（しまう・みる・おく）と言って、それに近い働きをする言葉だよ。

次の（1）～（5）について、各組のイの傍線部には、アと比べてどういう意味や気持ちがつけ足されていますか。あとのA～Eの中からもっともふさわしいものを選び、記号で答えなさい。

（1）ア　雨で運動会が中止になった。
イ　雨で運動会が中止になってしまった。
（2）ア　妹に日記を読まれた。
イ　妹に日記を読まれてしまった。
（3）ア　百メートル走ってタイムを計った。
イ　百メートル走ってタイムを計ってみた。
（4）ア　すぐ売り切れそうな音楽会の切符を予約する。
イ　すぐ売り切れそうな音楽会の切符を予約しておく。
（5）ア　駅前に自転車を放置する。
イ　駅前に自転車を放置しておく。

A　あとに起こる事柄を予想して前もってするという意味
B　その状態をそのままに保つ意味
C　思いがけないことで不愉快な気持ち
D　試しに何かをするという意味
E　思いがけず残念な気持ち

今度は難しそう……。アが普通の言い方ですよね。頑張って解いてみます。

できたかな。正解は、これ。

(1)E (2)C (3)D (4)A (5)B

どうにかできました。でも、選択肢がなくて、自分で説明しろって言われたら、困ってしまいます。う～ん。日本語って、すごいんですね。こんなに微妙な気持ちの違いを、単語一個で表せてしまうんだから。

そうだね。付属語の使い方が巧みになると、文章を書くときに豊かな表現ができるんだ。

助詞の使い方をチェックしよう

では、今度は助詞の問題だ。繰り返しになるけど、助動詞・助詞は私たちが話をするときも文章を書くときも、毎日毎日使い続けている単語なんだ。
それを間違ったまま使っていたら、生涯恥をかき続けることになってしまう。

そんなの絶対に嫌です！　どうか、きちんと教えてください！

うん。では、ここで一回、助詞の使い方は大丈夫かチェックしてみよう。

次の文章の（1）～（8）に助詞を入れなさい。

　論理と（1）難しいもの（2）思われがちです（3）、実は小学生に（4）わかる三つの規則（5）、そのバリエーションにすぎません。「イコールの関係」「対立関係」「因果関係」（6）その三つの規則です（7）、そのうちの一つ、「イコールの関係」はすでに算数で（8）学習ずみのはずです。

先生、どうにかできました。でも、ちょっと不安……。

うん。正解はこれ。

（1）は（2）と（3）が（4）も（5）と（6）が（7）が

（8）も・は

残念。少し間違っちゃいました。ところで先生、助詞って、どんな役割をするんですか？

そうだね。大きく四つの役割を頭に置いておけばいい。

一つ目が格助詞。格助詞は関係を示す言葉なんだ。たとえば、主格は主語の関係。目的格は目的語の関係、連体修飾格は体言を修飾する関係、同格は対等の関係だね。特徴は、

体言（名詞）にくっつくこと。たとえば――、
「私は例の場所に行った。」という文の、「は」「の」「に」は全部格助詞だよ。

本当だ。全部名詞にくっついていますね。

二つ目が接続助詞。

文と文、語句と語句をつなげる役割のことですよね。

うん、その通り。接続助詞はおもに用言（述語となる単語）にくっつくんだ。
三つ目は終助詞。これは文の終わりにつく言葉だから、すぐに見分けることができる。
たとえば、「頑張れよ」「わかったかな？」という文の「よ」「かな」が終助詞だ。

これは簡単。最後の四つ目はどれですか？

副助詞。これは少し難しいかもしれない。文法学者が言うには、副詞的な用法を持つ助

詞だから、副助詞と名づけたらしい。

副詞って、用言を修飾するんですよね。でも、何だかピンと来ません。

様々な言葉にくっついて、意味をつけ加える働きをすると言った方が、実践的かもね。
たとえば、「君しか愛せない」の「しか」。これは限定という意味をつけ加えているよね。

つまり、何か意味をつけ加えたいときには、適切な副助詞を使えばいいんですね。

そうだね。では、次の副助詞の問題をやってみよう。

次の（1）～（3）の文は、「を」「も」「だけ」の違いによって、どのように意味が違ってくるのか、それぞれ説明しなさい。

（1）猫は鼠を追いかける。

（2）猫は鼠も追いかける。

（3）猫は鼠だけ追いかける。

自分で説明する問題って苦手です……。

正解はこんな感じ。

（1）猫が追いかけるのは鼠だと言っている。

（2）猫は鼠以外の動物も追いかけると言っている。

（3）猫は鼠以外の動物は追いかけないと言っている。

助詞の一字か二字の違いで、こんなに意味が異なるんですね。日本語って本当にすごい！

うん。でも、私たちは日常生活でその日本語のすごさを十分活かし切れていないと思うよ。**特に文章を書く場合は、助詞一語でも決しておろそかにしてはいけないんだ。**

はい。よくわかりました。ところで、先生、一つ質問してもいいですか？

もちろん。何かな？

私、論理的な文章を書けるようになりたいんです。文法的な用語や説明を聞くことが、直接書くことに役立つんですか？

いい質問だね。もちろん、格助詞とか副助詞といった説明を聞いても、すぐに論理的な文章が書けるわけではないよ。でも、こうした文法的説明が頭に入っていなければ、文章を読んだり書いたりするとき、おそらく助動詞、助詞を意識することはないよね。

あっ、確かに。これからは助動詞や助詞の使い方が間違っていたら気づけそう。文法用語を知ることが、文章の上達につながるんですね。

そうなんだ。こうやって説明するとたいしたことないと思わない？

はい。すんなり頭に入りました。すんなり抜けないように気をつけなきゃ……。

一文と一文との論理的関係

ここまでで、一つの文を論理的に書けるようになったよね。ところでハルカちゃん、一文を構成しているものは何だっけ?

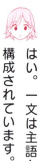

はい。一文は主語と述語、目的語という要点と、それを説明する飾りの言葉で構成されています。

うん、完璧。上手な文章の条件は、要点がしっかりとしていること。そして、その要点をどのように説明しているかだ。

主語や目的語になる名詞は抽象的だから、説明の言葉をつけることで、初めて

生きた文章になるんですよね。

うん。そのとき、どの言葉がどの言葉を説明しているのか、「言葉のつながり」を明確にする必要がある。

そこまではちゃんと理解できました。

あとは、助動詞・助詞を巧みに使いこなすことで、より微妙な表現が可能になる。過去形、未来形、進行形、受身形も思いのままだ。

今まで一文の構成なんて考えたことなかったので、とっても面白かったです。長い文章も一文の集まりだから、これからは一文を正確に書くように心がけます。

よし。では、次のレッスンに行こう。ハルカちゃんが今言ったように、一文が集まることで文章ができるわけだけど、当然その一文と一文との間にも論理的な関係があるんだ。

なるほど〜。確かにまるで無関係な文を並べるわけありませんものね。

うん。もし、次に無関係な文を書く場合は、話題の転換を示す「さて」「ところで」などの言葉が必要になる。そうでない限り、私たちは文と文が論理的な関係を持っていると考えて文章を読み進めるはずだ。

そうですね。あまり意識したことなかったけど。

だから、文章を書く場合も、論理的な関係を意識して書いていかなければならないんだ。その関係を示す言葉が指示語と接続語なんだよ。

指示語や接続語って、感覚的なものだと思ってました。国語の試験で、空所に接続語を入れる問題がよくあったけど、全部自分の感覚で解いちゃってた……。

多くの人がそう解いているだろうね。でも実は、指示語や接続語は論理的な記号なんだ。文と文を論理的につなぐためには、指示語や接続語を意識することが大切だよ。

わかりました！　一文を論理的に書けるようになったから、次は文と文を論理的につなげられるようになりたいです。先生、早く教えてください！

指示語は何のためにあるのか

では、ハルカちゃん、次の文章を読んでごらん。

「ぼくが通っている学校の裏には小高い丘があります。ぼくが通っている学校の裏にある小高い丘のてっぺんには、大きな杉の木がそびえています。ときどき、ぼくは、ぼくが通っている学校の裏にある小高い丘のてっぺんにそびえている大きな杉の木に登って、ぼくが通っている学校の裏にある小高い丘のてっぺんにそびえている大きな杉の木からの眺めを楽しんでいます。」

う〜ん、はっきり言って読みにくいです。くどいって言うか……。

でも、どこも間違ってないよ。ちゃんと論理的な文章だ。

でも、読んでいると頭の中がごちゃごちゃして、何が言いたいのかわからなくなります。

では、少し書き直してみよう。これならどう？

「ぼくが通っている学校の裏には小高い丘があります。①そこのてっぺんには、大きな杉の木がそびえています。ときどき、ぼくは、②その木に登って、③そこからの眺めを楽しんでいます。」

あっ、これでスッキリ。先生、指示語を使ったんですね。

その通り。こんなふうに傍線の指示語に置きかえたんだ。

① ぼくが通っている学校の裏にある小高い丘 ＝ **そこ**

② ぼくが通っている学校の裏にある小高い丘のてっぺんにそびえている大きな杉の ＝ **その**

③ ぼくが通っている学校の裏にある小高い丘のてっぺんにそびえている大きな杉の木 ＝ **そこ**

前に述べた事柄をもう一度繰り返すとき、指示語の「それ」とか「これ」に置きかえることで、同じ言葉を繰り返さずに済むんだよ。

あっ、先生。これってイコールの関係でもありますよね。

ハルカちゃん、いいところに気づいたね。指示語と指示内容との間には、イコールの関係が成り立っている。だから、指示語も立派な論理的関係を示す論理語なんだ。

指示語って文章を読みやすくする効果があるんですね。これからはもっと指示語の使い方を意識します。

接続語は論理的な関係を示す言葉

次は接続語の使い方を説明しよう。接続語は文と文との論理的関係を示す記号だから、これを意識するだけで、論理的な文章が書けるようになるんだよ。

私、接続語も感覚で使うものだと思ってました。

それは間違いだよ。繰り返しになるけど、お互いに簡単にはわかり合えない人間同士、それでも何とかお互いに意志を伝え合いたいと思うときに、言葉の共通の規則を使って表現するんだ。それが論理だったよね。

接続語も言葉の共通の規則の一つだから、感覚ではないってことですね。

その通り。では、次のレッスン。論理とは先を予想することでもあるんだ。

えっ⁉　先を予想って、予言者みたいに？

まぁ予言者とまでは言わないけど、接続語に着目すると、その先は読まなくても予想できるんだよ。ハルカちゃん、次の文の先を予想してごらん。

「私は一生懸命勉強した。だから、成績が……。」

こんなの簡単です。「成績が上がった」ですよね。

どうしてわかるの？

だって、「だから」ってあるし。あっ、先を予想できちゃいました。

そうだね。では、この文はどうかな。

「私は一生懸命勉強した。しかし、成績は……。」

もちろん、「成績は上がらなかった」です。「しかし」があるから、読まなくてもわかります。なーんだ、簡単。

つまり、接続語は前の文と後の文との論理的関係を示す記号なんだ。論理は一本道で、次はこうなら、その次はこうだと、おのずと方向が定まってくる。だから、接続語に着目すれば、次の展開が予想できるんだよ。

接続語も普段何気なく使っていたから、論理なんて意識したことなかったです。

そうだね。「だから」は順接で、因果関係を示す言葉なんだ。「Aだから、B」で、Aが原因、Bがその結果だったね。

あっ、それって、さっき論理的関係のところで、先生から習いました。ここでも登場するんですね。

論理は手を変え品を変え、あらゆる場面で登場するよ。ちなみに、「しかし」は逆接で、前の流れをひっくり返すときに使うよね。

先生、他にはどんな接続語があるんですか？

じゃあ、また問題だ。次の文章の先を予想してごらん。

① 彼はくだものが好きだ。たとえば、……。
② 彼は頑固で融通が利かない。つまり、……。
③ これで話は終わった。さて、……。

わかりました。①は「たとえば」とあるので、「リンゴ」とか「モモ」とか、くだものの具体例がくるはず。②は「つまり」とあるので、「頑固で融通が利かない」の言い換えのはず。たとえば「石頭」とかかな。③は「さて」とあるので、話題を変えます。確かに接続語に着目すると、先の展開が予想できますね。面白い！

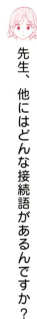

そうだね。逆に、ハルカちゃんが書き手になった場合、接続語を正確に使うことによって、論理的に頭を働かせることができるし、その結果、論理的な文章が書けるんだよ。

でも、先生。少し気になることがあるんです。

ん？　どうしたの？

私が前に読んだ本には、「接続語はあまり使わない方が、いい文章だ」って書いてありました。接続語が多いと、堅苦しくて、理屈っぽくなっちゃうって。確かに、日本語はなめらかな方が美しい気がします。

そうだね。接続語はあまり使わない方がいいね。

先生、矛盾してますよ！　さっきは接続語に着目しろって言ったのに。

まあまあ落ち着いて。今までのように接続語をなんとなく使っていたときには、文と文との論理的関係をしっかりと押さえられていなかったはずだよ。でも、接続語を徹底的に意識することで、文章を論理的に捉えることができるようになるんだ。

でも、いくら論理的でも、ごつごつした堅苦しい文章はイヤです。私のように、滑らかで美しい文章が書きたいんです。

……そ、それはともかく、論理的な文章を書くことができるようになれば、しだいに不必要な接続語は省略できるようになるんだ。

あっ、そうか。接続語を使わなくても、文と文が論理的関係になっていればいいんですね。

うん。あくまで理解するプロセスとして、最初のうちは徹底的に接続語を意識してほしいってことなんだよ。

なるほど、納得しました。

では、問題を解いてみよう。

次の文章の（1）～（3）に入る言葉をa～d中から選び、さらにその説明として最も適切なものを、あとのア～オの中から選び、記号で答えなさい。

硝子戸《がらすど》のうちから外を見渡すと、霜除《しもよ》けをした芭蕉《ばしょう》だの、赤い実のなった梅もどきの枝だの、無遠慮に直立した電信柱だのがすぐ眼につくが、その他にこれと言って数えたてる（　１　）のものはほとんど視線に入ってこない。書斎にいる私の眼界は極めて単調でそうしてまた極めて狭いのである。

（　２　）私は去年の暮から風邪を引いてほとんど表へ出ずに、毎日この硝子戸の中にばかり座っているので、世間の様子はちっとも分らない。心持が悪いから読書もあまりしない。私はただ座ったり寝たりしてその日その日を送っているだけである。

（　３　）私の頭は時々動く。気分も多少は変わる。いくら狭い世界の中でも狭いなりに事件が起ってくる。それから小さい私と広い世の中とを隔離しているこの硝子戸の中へ、時々人が入ってくる。それがまた私にとっては思いがけない人で、私の思いがけない事を言ったりしたりする。私は興味にみちた眼をもってそれらの人を迎えたり送ったりした事さえある。

夏目漱石『硝子戸の中』

※一部表記を現代表記に改めた。

【選択肢】

a しかし　b その上　c ほど　d つまり

【説明】

ア　前の文をわかりやすくまとめる。

イ　空所後文の原因が、空所前文となっている。

ウ　空所前文を前提に、空所後文を付け加えている。

エ　空所前文の話の流れをひっくり返している。

オ　助詞で、程度を表す。

わ〜、選択肢の言葉の「説明」もわからなきゃダメなんですね。

うん。あえて、「説明」を加えたのは、なんとなく感覚で接続語を選ぶのではなく、接続語の役割を意識して問題を解いてほしいからなんだ。

わかりました。でも先生、「ほど」って接続語じゃないですよね。

その通り。「ほど」は助詞だ。では、選択肢の言葉の役割を説明から選んでみよう。

はい。aの「しかし」は逆接で、エ。bの「その上」は何かをつけ加えるときだから、ウ。cの「ほど」はオ。dの「つまり」は要約・言い換えだから、ア。

うん完璧。次は、文と文との論理的関係を考えていこう。

はい。（1）は簡単。助詞が入るので、「ほど」。（2）は少し難しいです。

空所の前には、「書斎にいるので、視界が狭い」と書いてあるね。それに対して、空所

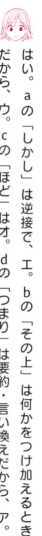

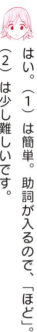

のあとは、「風邪で硝子戸の中にばかりいる」とある。

あっ、わかった！　前の文を前提に、あとの文をつけ加えているから、添加の「その上」です。

そう、正解だ。

（3）は前の流れをひっくり返しているから、逆接の「しかし」。先生、少しだけ自信がついてきました。

よかったね。では、答をまとめよう。

【答】（1）c・オ　（2）b・ウ　（3）a・エ

一文の推敲力を鍛えよう

ハルカちゃん、文章を書くときのポイントはわかるかな？

ポイントですか……。うーん、一文を大切にすることかな。

それも間違いではないけれど、もっと大きな視点で見ると、二つのポイントがあるんだ。

まず一つ目のポイントは、書きたいことが明確にあるかどうか。書きたいことがないのに、無理に文章をひねり出したって、うまくいくはずがないよね。

それはそうですね。あ……私、会社で企画書を出すときに、自分の中で内容が明確に決まってないまま書こうとしてたかも。

二つ目のポイントは、書くことが頭の中で整理できているかどうか。自分の頭の中で整理できていないことを、人に伝えるのは難しい。不特定多数の読者が相手ならなおさらだ。

そこで、論理力が必要なんですね。

うん。理想的な状態は、意識しなくても、論理的な文章がすらすら出てくるようになること。それを習熟と言うんだけど、そのためには頭が論理的に使えなければいけないんだ。

先生、私でも論理的に頭を使えるようになれるでしょうか。

もちろん、大丈夫だよ。ハルカちゃんは、すでに一文の論理構造を学んだよね。一文には要点と飾りがあることも学んだし、助動詞、助詞の使い方もわかったよね。

……う～ん、本当のところ、まだ少し不安ですけど。

うん。それでいい。さらに、一文と一文との論理的関係は指示語や接続語の使い方次第だと学んだよね。これらが頭に入ったら、とりあえず文章を書いてみればいいんだ。

えっ？　先生、私まだ文章をまともに書ける自信なんか、ありません。

大丈夫。最初から自信のある人なんていないよ。まずは、頭に浮かんだまま言葉を連ねていけばいい。その中で当然、間違った文章を書いてしまうこともあるだろう。パソコンの場合、打ち間違いや変換ミスも起こるはずだ。

先生でもそんなことがあるんですか？

もちろんだよ。僕の場合、文章をうんうん考えてひねり出すのではなく、頭に浮かぶままどんどん書いていく。まあ、パソコンを使っているから、正確には「打っていく」だね。そのとき、多少のミスなんて気にしないよ。ただし、僕の頭がある程度論理的に働いているから、そうやって書いた文章であっても、当然論理的なものになってはいるんだ。

文章を書くことにあまり構える必要はないんですね。私も勇気を出して、どんどん書いてみようかな。でも、そのためには論理的な頭の使い方ができるように、訓練する必要があるんですよね。

うん。論理的な頭の使い方はすぐにできるようになるわけではないから、まずは文章を書いてみることが大切だ。でも、書きっぱなしではいけないよ。

えっ？　どうすればいいんですか？

そこで登場するのが、少し前に紹介した「推敲」なんだ。**思いつくままにどんどん書いたとしても、推敲能力さえあれば、自分の文章の間違いに気がつき、訂正することができる。**でも、推敲能力がないと、間違った文章に気づかないまま、恥ずかしい文章を不特定多数の目にさらすことになってしまう。

先生、私、もうこれ以上恥ずかしい思いをしたくありません。その推敲能力を、ぜひ私に授けてください！

うん。実は、大切なポイントはすでに教えているんだよ。

ええっ！　そうだったんですか？

推敲したときに、自分の文章の間違いに気づくためには、日本語の規則を知っている必要があるよね。

あっ、それって、主語と述語の関係、言葉のつながり、助動詞・助詞、指示語と接続語のことですか。

そう。よく覚えていたね。日本語の規則を知らないと、明らかに間違った文章を書いても気づくことができないんだ。もちろん、文章全体の論理構造が間違っている場合は別だけど、それはこれから詳しく説明するからね。今の段階では日本語の規則に違反していない文章かどうかを判断できればいいよ。

はい！　まずは日本語の規則を徹底して身につけます。正確な日本語を書けるようになって、上司や彼氏候補の男性にバカにされない女性になりたいんです！

目的はともかく、その気合いが大事だ。では、推敲する際のポイントを教えよう。

読点の打ち方

「言葉のつながり」について、説明したのを覚えているかな？

はい。確か、感動詞以外のすべての言葉が、他の言葉とつながっているんでしたよね。

その通り。そこで今回は、読点の打ち方について説明しよう。

読点の打ち方って、何か規則があるんですか？　いつもなんとなく適当に打っていました。

規則としてはたった一つだよ。読点を打ったところで、言葉のつながりが切れるんだ。

たとえば、「私は読書、彼はスポーツが好きです。」という文は、「私は読書が好きです。」と「彼はスポーツが好きです。」という、本来は二つの文からできているよね。だから、

「私は読書」でいったん切るために、読点を打ったんだ。

確かに「私は、読書彼はスポーツが好きです」「私は読書彼は、スポーツが好きです」とかだと変ですね。よくわかります。

では、次の問題はわかるかな。

次の文が二通りの意味になるとしたなら、どのような意味になるのか？

面白い映画の解説を聞いた。

う～ん……この文だと、面白いのが映画なのか、解説なのか、どちらの意味にも取れてしまいます。

そうだね。ただ基本的には、言葉は近い方の言葉とつながっていると考えるんだ。だから、この文の場合、「面白い」→「映画」という意味になるけれど、非常に誤解を受けやすい表現だ。だから、このような文は書かない方がいいんだよ。

先生、もし、「解説が面白い」って言いたい場合は、どうすればいいんですか？

方法は二通りある。一つは読点の打ち方。今のままでは「面白い」→「映画」とつながるので、「面白い」で読点を打って、言葉のつながりを切るんだ。

なるほど。「面白い、映画の解説」ってすれば、「面白い」は「映画」につながりませんね。

うん。そして、もう一つの方法は語順を変えること。「映画の面白い解説」とすれば、「面白い」は直後の「解説」とつながるから、「面白い映画」という意味にはならないよね。

確かに。今まで何となく感覚で読点を打ってきたけど、打つ場所で意味が変わるんだから、読点って大切なんですね。

そうだね。ところで、「言葉のつながり」の説明のときに、「母はしっかりねと私の肩を叩きました。」という例文を挙げたのを覚えているかな。

これは決して間違いではないけれど、言葉のつながりが明確ではないから、少しわかりにくい文になっているんだ。

卒直に言って、ヘタくそな文ってことですね。先生、どこがヘタなんですか？

ストレートだね、相変わらず。言葉は本来、近いところの言葉とつながると説明したよね。この文の場合、「母は～叩きました」「しっかりねと～叩きました」と、遠い所とつながっているから、読んでいてスッキリしないんだ。

確かに。「母は私の肩を叩きました」にすると、スッキリします。でも、「しっかりね」はどうやって文に入れたらいいのかわかりません。

そんなとき、読点を使うんだよ。

「しっかりねと、母は私の肩を叩きました。」

読点は言葉のつながりを切る役割だから、これだと「しっかりねと」が直後ではなく、離れている「叩きました」とつながっているという合図を、読者に送ることができる。

なるほど〜。読みやすくなりましたね。

では、今までのポイントをまとめてみよう。

① 言葉は他の言葉とつながっている

② 言葉は本来、近いところの言葉とつながる

③ 遠い言葉とつなげたいときは、読点を打って、直後の言葉とのつながりを切る

この日本語の規則を知っておくと、推敲するときに間違いに気づけるはずだよ。

はい。わかりました！

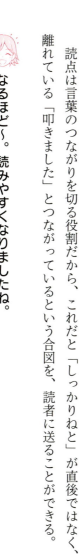

重複表現を避けるのが、日本語の規則

推敲の際には、重複表現にも気をつけよう。

重複表現って、同じ意味の言葉を続けることですか？

うん。たとえば、「まず初めに」。

えっ！　それ、よく使います。

でも、「まず」も「初め」も同じ意味だよね。だから、どちらか一つでいいんだ。では、問題を解いてみよう。

次の文の重複表現を指摘しなさい。

① プリントを各クラスごとに配りなさい。
② 彼は不快感を感じた。
③ 約一年ほど前の出来事です。

できました。でも、普段から無意識にやっていそう……。

そうだね。意識しないと間違いに気づけないかもしれない。
答は、①「各」と「ごと」、②「不快感」の「感」と「感じた」、③「約」と「ほど」。

はい。今まで全然意識したことなかったけど、これからは気をつけます。

うん。僕たちは生涯、朝から夜寝るまで日本語を使って生活しているよね。それなのに、日本語の規則を知らなかったら、規則違反に気づかないまま話をしたり、書いたりして生涯を終えてしまうことになる。だからここで、日本語の規則を丁寧に説明しているんだよ。

確かに、人は面と向かって「あなたの日本語はおかしいですよ」って、指摘し

てくれません。私も、今までいっぱい恥をさらしてきたんですね。ヘコみます。

でも、一度わかれば、生涯正しい日本語を使いこなすことができるからね。それに、不特定多数の人に向けて文章を書くときも、自信を持って日本語で表現することができるよ。

今回教わったことを頭に入れておけば、自信を持って推敲して、間違いのない文章がつくれそう。

その調子だ。では、次のステップに移ろう。ここまでは正確な一文の書き方を教えたけど、次は、まとまった論理的な文章の書き方の話をしよう。

はい。楽しみです。

第3章のポイント

- 文章は一文の集まり。一文の構造が理解できれば、日本語の規則を使いこなすことができる。
- 一文は要点となる主語と述語、目的語と、それを説明する飾りの言葉とで成り立っている。
- 感動詞以外、すべての言葉は他の言葉とつながっている。
- 助動詞・助詞の使い方を間違っていると、生涯恥をかく。
- 一文と一文との間には論理的関係があり、それを示す記号が指示語・接続語である。
- 読点は言葉のつながりを切る役割をする。

第4章

論理的な文章の書き方

●場所への行き方●
駅を出て
コンビニの前をスッと入って
ズイッと進むと
薬局があるから
クイクイッときて
ボーン！で到着だよ～!!
ダメだ
わからん…
クイクイッまでは
なんとかなったけど
ボーン！で完全に
見失った…

思考力を鍛える「書く」という行為

前章に続いて、本章も中核となる大事な章です。

まとまった論理的な文章には、「主張」とそれを論証する「説明部分」とがあります。後述しますが、主張は抽象的な内容であればあるほど、それを必要とする人が増えます。そしてその主張の説明は、具体的であるほど説得力を増します。

そこで、「イコールの関係」「対立関係」「因果関係と理由づけ」という三つの論理を「書く技術」に落とし込み、人を納得させることができる文章の書き方を学びます。

最後は実践として、実際に文章の要点を設計図としてまとめ、それに肉づけしていく方法を学習します。

ハルカちゃん、どうしても話しておきたいことがあるんだ。

えっ、改まって、一体どうしたんですか？

現代人は、メールやツイッターなどを利用するから、発信する機会が昔よりも増えたと言ったよね。でも、その多くが絵文字などの感情語が中心だ。つまり、不特定多数の読み手を意識した、論理的な文章を書く習慣がないから、考える力が鍛えられないんだ。

え……っ!?　そ、それってつまり……？

うん。だから、簡単に言うと、いや、きつい言い方かもしれないが、このままではバカになる！

……バ、バカ!?　どうしよう。このままじゃ、同僚に一目置かれ、上司に評価され、素敵な結婚相手が現れるっていう夢が遠のいちゃう。それだけは困ります。

大丈夫。**不特定多数の読み手に向けて、論理的に書くという行為を繰り返すことで、論理という言葉の規則を習熟することができるようになるし、同時に論理的に考える力も鍛**

えられることになる。この考える力こそ大切なんだ。

先生、私、頭が良くなりたいです。そのせいか、また気合いが入りました！この際、もっと気合いを入れちゃってください!!

その安易な気合いの入り方が逆に心配でもあるけど、何とかしよう。

論理とはすなわち言葉の規則に従って考えを進めていくことだ。多くの人がその規則を知らずに、文章を書いてしまっている。まずはその規則を知り、それを意識して文章を書くことから始めよう。書いていくうちに、自然と論理が身についていくからね。

はい！　頑張ります。

論証責任

一応断っておくけど、今から教えることは、小説や詩などの文学的文章ではなく、ビジネス文章や企画書、レポート、論文などの論理的な文章についてだよ。文学的文章の書き方は、また別のものだからね。

はい！　だって、私が今一番知りたいのは、上司に叱られないですむ、論理的な文章の書き方ですから。あ、彼氏候補にも私を見直してもらいたいけど。

その話はよくわかっているから大丈夫だよ。さて、一文は論理的な構造を持っていたね。そして、その一文と一文とが論理的な関係を持っていたよね。

はい。文章が論理的にできているって、よくわかりました。

そうだね。そしてこれから、いよいよまとまった文章を書くわけだけど、文章は伝えたいことがあるから書くんだよね。

もちろんです！　伝えたいことがないのに文章は書けません。

それなら伝えたいこと、「主張」を仮にAとしよう。たとえばハルカちゃんがAという主張を、上司や取引先の人に伝えるために文章を書くことになったらどうする？

わあ～、ちゃんと伝わるか緊張します。でも、頑張ってAを主張する文章をいっぱい書こうと思います。

はい、ちょっと待って！
そのように自己主張ばかりした文章では、共感を得ることはできないよ。AAAAと自分の主張をやたら強調されたら、暑苦しくて、読んでいる方は嫌になってしまうよね。

な、なるほど～。今思えば、彼氏候補へのメールも自分の主張をひたすら訴え続けただけの文章だったのかも。きっと私、ドン引きされたんですね……。

それはともかく、**自分の主張には「論証責任」が伴う**んだよ。

えっ、論証責任って、なんですか？

たとえば、ハルカちゃんの主張は、みんなが共感できるものではない可能性があるよね。

あっ、思い当たることがあります。数日前、家族に「巷で評判のダイエット器具を購入したい」って主張したんですけど、誰も共感してくれませんでした。

それは、論理的な文章の場合も同じだよ。自分の主張は、不特定多数の読み手が共感できる内容ではないかもしれない。だから、**必ず論証しなければならない**んだ。

逆に、みんなが共通して思っていることはそもそも常識だから、わざわざ文章を書いて人に読んでもらう必要がないよね。

た、確かに。みんなと違ったり、みんなが考えつかないような意見を文章にするから、論証する必要があるんですね。納得です。

そうだね。そして実は、**主張は抽象度が高いほど価値がある**んだ。

え〜と、抽象って、A君、B君、C君の共通点を抜き取ったら、「男」っていう一般的概念ができるって話ですよね。

うん。よく覚えていたね。抽象的であればあるほど、それを必要としている人数が増える。別の言い方をすると、マーケットが広がるんだ。

マーケットが広がる……それだけビジネスになりやすいってことですね。でもまだ少しピンとこないかも。

たとえば、僕が今晩ラーメンを食べるか、カレーを食べるか。

えっ、突然なんですか。と言うか先生、食生活が偏りすぎです。もっと栄養のバランスを考えてください！

いや、そうではなくて、ラーメンを食べるか、カレーを食べるかは、僕にとっては切実な問題だけど、不特定多数の人にとってはどうでもいい情報だよね。だから、抽象度は低いし、論証する必要もない。

はい。先生が好きに決めればいい問題だと思います。

まあ、たとえ話だからね。それに対して、「論理」についての説明であれば、多くの人たちに有益な情報だから、抽象度が高いと言える。

そうですね。先生が「論理」について書いた場合、不特定多数の読者の中には「論理」について知らない人もいるから、論証する責任があるんですね。何となくわかってきました。

でも、どうやって論証すればいいんですか？

主観と客観

たとえば、ハルカちゃんが、自分の「主張」を不特定多数の読み手に伝えるために文章を書いたとしよう。でも、その「主張」って、ハルカちゃんの主観的なものだよね。

そうですね。私がどんなに必死に訴えても、結局は私の主観でしかないです。

うん。だから僕たちは、自分で主張することが、客観的な事実ではないってことをわかっておく必要があるんだ。

どうしてですか？

たとえば、ネット上の議論でも、自分の主張を相手に押しつけようとして、感情的な言説を繰り返す人がいるよね。そういう人たちは、自分の意見が主観的なもので、誰もが同じ意見とは限らないということをわかっていない。だから、ケンカになってしまうんだ。

そうかぁ。いくら自分の意見をわかってもらいたくても、それを声高に叫ぶだけでは人に伝わらないんですね。

うん。だから、主張が大切なものであればあるほど、冷静になって、客観的に事実を積み重ねる必要があるんだよ。

なるほど。それが大人の文章なんですね。

要点と飾り

ハルカちゃん、一文は要点と飾りで成り立っていたよね。

はい。一文の要点は主語と述語だけど、それだけでは目の前の表現したいことは表せない。だから、主語や述語に様々な飾りをつけるんでしたよね。

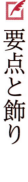

よく覚えていたね。実は、まとまった文章でも、その法則はほとんど変わらないんだ。

先生、わかりました。一文の要点に当たるものが、まとまった文章では「主張」。飾りに当たるものが、「主張」を論証するための文章になるんですね。

お見事！　一つのまとまった文章の中には、たいてい要点となる主張と、それを論証するための文章とがある。問題は、どうやって主張を論証していくか、だ。

はい！　ぜひ、それを教えてください。

うん。では早速、「イコールの関係」「対立関係」「因果関係」の三つの論理から、論証の仕方を見ていこう。

最強ルール1 「イコールの関係」

もっとも代表的な論証の仕方は、**「イコールの関係」**。これには、**「具体例」「体験」「引用」「比喩」**と四つあるんだ。

えっ。そんなにあるんですか。一つずつわかりやすく説明してください。

うん。まずは一つ目、「具体例」から説明していこう。たとえばハルカちゃんの主張を裏づけるために、誰もが納得する具体例を提示すれば、その主張が正しいと論証したことになるんだ。まとめると、「主張（A）」＝「具体例（A'）」となる。

それって、私の容姿がかわいいってことを主張するときには、「目」とか「口」とか具体的なパーツの素晴らしさを言えばいいってことですね。

ま、まあそれは、あえて論証する必要のないことだと思うけどね……。

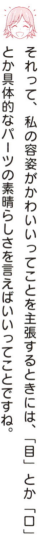

二つ目は体験（エピソード）。これは、先日こんなことがありました、こんな話を聞きましたってやつ。読む人を惹きつける面白いエピソードであればあるほど効果的だけど、それは必ず「主張」と「イコールの関係」にあるものでなければいけない。

一つの主張に対して、具体例や体験なんかをいっぱいつけることで、人を納得させられる論理的な文章ができるんですね。

最強ルール2 具体的であるほど人を惹きつける

さっき、「主張」や「意見」は抽象度が高いほど、より多くの人にとって必要な情報になるって言ったよね。でも、人が興味を持つことは、逆に具体的なものなんだよ。

えっ？　どういうことですか？

たとえば、世界のどこかで大量に動物が虐殺されたって聞いたら、どう思う？

かわいそうって思います。許せません！

うん。でも「動物の虐殺」っていうのは、抽象的な世界だよね。だから、頭では理解できるけど、切羽詰まった感覚はないと思う。

確かに、今すぐ飛んでいって、何とかしなくては、とまでは……。

では、今、目の前で自分のペットが殺されたら？

そんなの、ショックです。想像したくない！　あっ、具体的な話の方が切実な感じがするんですね。

その通り。主張や意見は抽象度が高い方がいいけど、それを論証する具体例や体験は具体的であればあるほど説得力を増すんだ。だから、**論理的な文章を書くときには、いかに**

鮮明な印象を与える具体例や体験を持ち出せるかが、ポイントなんだよ。

何だか上手な文章を書くコツを習った気がします。今度、会社の企画書を書くときに意識してみます。

最強ルール3 引用の効用

三つ目のイコールの関係は「引用」。

それって、有名な人の言葉を使うってことですよね。

うん。聖書の言葉とか、哲学者の言葉とかね。では、なぜ引用するのかわかる？

え〜と、その方がおシャレに見えるから？

それも多少はあるかもしれないけど、要は、自分の主張と同じことを述べている文章を引用するわけだから、たとえば、漱石の文章を引用した場合、まさに漱石を味方につけたことになる。こんなに心強いことはないよね。

確かに。芥川龍之介や、太宰治、好きな人を自由に味方にできるんだから、こんなに楽しいことはないです。私が文章を書くときは、誰を味方につけようかな。

ちょっと違うような気もするけど……。ちなみに、引用箇所が自分の意見と完全に一致しているイコールの関係でなければ、引用はできないから注意してね。

う~ん、そのためには日頃から難しい文章を読んで、教養を身につけなければならないってことですよね。私には難しそう。

実は、この引用は、文学的文章を書くときには有効なんだけど、ビジネス文章ではあまり使うことはないんだ。メールや企画書などで、おシャレな文章を書く必要はないよね。

あっ、そうですね。でも、ラブレターには使えそう。

ははは。そうかもね（笑）。ところで、ビジネス文章を書く場合には、データを提示することも有効的なんだ。

「主張」を裏づける数字ってことですか？

うん。企画書などはこのデータが必須だけど、これも「イコールの関係」だと言えるね。

ビジネス文章って、まさに論理的な書き方をする必要があったんですね。少しずつ「書く」ことに対する意識が変わってきました。

最強ルール4 比喩的思考

最後、四つ目のイコールの関係が「比喩」。

比喩って感覚的に使うものだと思っていました。

比喩も立派な論理の一つだよ。さて、「主張」や「意見」は抽象的なものが多いと言ったよね。ハルカちゃん、抽象の反対は？

もちろん具体です！

うん。前に話したように、私たちは具体的な事例であるほど、切実に考えることができる。逆に、抽象的なことは、「理屈はわかるけど、何かピンと来ない」と思われがちだ。

つまり、抽象的な主張を、わかりやすい具体例を挙げて説明することが大切な

んですね。

その通り。**抽象と具体とをバランス良く繰り返す文章こそが、論理的でうまい文章だと言えるんだ。**そこで、抽象的でわかりにくいことを、身近なものに置きかえるときに、「たとえる」という論理的手法を使うんだ。そのとき、「たとえるもの」と、「たとえられるもの」との間には「イコールの関係」が成立している。

え〜と、それが比喩なんですね。

うん。比喩は論理の一種だからね。そして、比喩には一つだけ絶対の法則があるんだよ。

えっ？　何ですか？

たとえるものと、たとえられるものとの間に、何らかの共通点が必要だということだ。

たとえば、「少女の頬はリンゴのようだ」と言われたら、どんな少女を思い浮かべる？

真っ赤なほっぺたの女の子かな。

そうだよね。それは少女の赤い頬と、リンゴの赤という共通点があるからわかるんだ。たとえば、「少女の頬は鉛筆のようだ」なんて言われたらどう？

えっ、意味がわかりません。

そうだよね。比喩は、共通点が必要っていう規則さえ破らなければ、結構自由な表現だよ。そして、比喩には直喩と隠喩があるんだ。

直接の比喩と、隠された比喩？

そう理解しても、間違いじゃない。「〜ようだ」「〜みたいだ」という表現は、これが比喩ですよと明示した上で使っているから、直喩表現。それに対して、「〜ようだ」「〜みたいだ」が省略されたのが隠喩で、これをメタファーと言う。

どんなふうに省略されるんですか？

たとえば、『瞳はダイアモンド』という歌謡曲のタイトルはメタファーが使われている。

確かに、本当に瞳がダイヤモンドだったら怖い。でも、メタファーってわかりにくいものもありそうですよね。どうやって見抜けばいいんですか？

いったん直喩に戻せば、わかりやすくなるよ。そのとき、比喩の規則である共通点を考えるんだ。瞳とダイヤモンドの共通点は何かな？

わかりました。「きらきら輝く」です。

それなら、「瞳はダイヤモンドのようにきらきらと輝いている」とすればわかりやすい。

あっ、直喩になりました。

ただし、メタファーも文学においては効果的だけど、ビジネス文章の場合はあまり使わない方がいいだろうね。

はい。これも彼氏候補へのメールで使ってみます。私も「キミの瞳は夜空の星のようにキラキラ輝いているね」な～んて言われてみたいです！　ウフフッ。

……そう言われることを心から祈っているよ。

最強ルール5 比喩の効用

比喩を使うことで、自分の主張をよりわかりやすく、あるいは、読み手に実感を持って理解してもらうことができたよね。でも実は、それだけでなく、比喩には書き手の思考力を鍛え、感性を磨き上げる効用があるんだ。

ふぅ～ん、比喩って、そんなに素晴らしいものなんですね。

そのためには、文学作品を読む必要がある。特に、詩は比喩の宝庫だ。では早速、比喩の例を紹介してみよう。

われは知る、テロリストの
かなしき心を――
言葉とおこなひとを分ちがたき
ただひとつの心を、
奪はれたる言葉のかはりに
おこなひをもて語らんとする心を、
われとわがからだを敵に擲《な》げつくる心を――
しかして、そは真面目にして熱心なる人の常に有つかなしみなり。

はてしなき議論の後の
冷めたるココアのひと匙《さじ》を啜《すす》りて、

そのうすにがき舌触りに、
われは知る、テロリストの
かなしき、かなしき心を。

石川啄木『呼子と口笛』

ハルカちゃん、ここで言う、テロリストの心って、わかる？

わかりません！　テロ行為なんて、信じられない！

まあそうだよね。啄木の生きた時代も、数多くのテロリストが実際にいたんだ。この詩の主題は、「われは知る、テロリストの　かなしき心を――」というリフレイン（繰り返し）にある。その心を、「冷めたるココアのひと匙」にたとえているのが、実に面白いんだ。

う～ん、私、ココアは大好きだけど、そこからテロリストの心は想像できません。

ではハルカちゃん、冷めたココアって美味しい？

冷めちゃうと生ぬるくて、舌にぬるっと残って、ちょっと気持ち悪いです。

比喩は「イコールの関係」だよね。だから、冷めたココアから、テロリストの悲しき心を想像してごらん。

はい。甘さと後味の悪さですね。わかるような、わからないような……。

誰も死にたくはないし、ましてや他人を巻き添えにするテロなんて、したいはずはない。彼らがテロリストになるのは、圧倒的な権力や暴力の前に、自らの命を投げ出すしかない状況があったと思う。

もちろん、ヒロイックな余韻に酔いしれて、甘さを味わっている者もいるかもしれない。でも、その甘さは冷めたココアのように、変に甘ったるく、後味の悪さを残すものだ。

う〜ん、少し難しいですね。だけど、これから冷めたココアを飲むたびに、テロリストの心を想像してしまいそうです。

まぁ、テロリストはともかく、比喩を使うことによって、言葉では説明がつかないことを表現できるということはわかってほしいな。

はい。比喩って、結構面白いですね。

うん。比喩は単なる飾りではないんだ。他の言葉に置きかえることによって、今まで何気なく眺めてきた景色を、別の角度からとらえ直すことができる。まさに言葉によって、世界を再構築していると言えるね。

先生、たま～にかっこいい発言しますよね。

た、「たま～に」は余計だよ（笑）。でも、表現を変えて、目の前の世界を捉え直すことによって、私たちはつねに瑞々しい世界を体験することができるんだよ。

それって、ステキです。

最強ルール 6

対立関係

さて、「イコールの関係」の次は、**「対立関係」**の説明をしよう。**実は、物事には「イコールの関係」と「対立関係」の両方が含まれている場合が多いんだ。**

それって、A君・B君・C君に共通する「男」という言葉には、すでに「女」が意識されているってことですよね。

正解！　ハルカちゃん、だいぶ論理的な頭になってきたね。

はい。才色兼備で、素敵な彼氏もいる状態までは、あと一歩です。

あまり脱線しないうちに、「対立関係」について、もう少し詳しく説明しておこう。私たちは外界の情報を「イコールの関係」「対立関係」で絶えず整理していると言ったね。

「男と女」「空と大地」「好きと嫌い」「賛成と反対」などがそれで、これは世界共通、古

「対立関係」で整理する

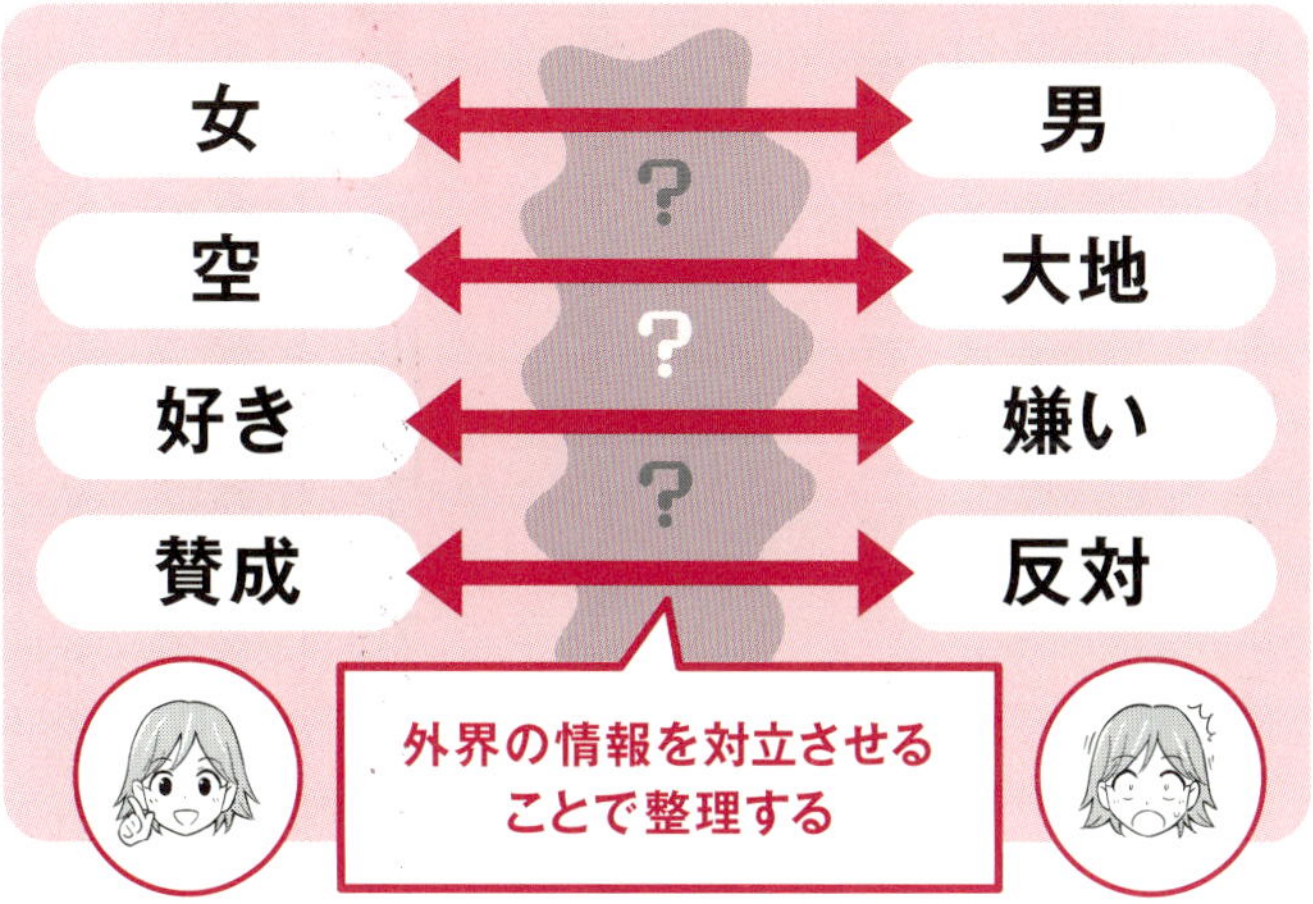

代から未来に至るまでの普遍的な捉え方だ。

だから、文章を書くときは「イコールの関係」だけじゃなくて、「対立関係」も使うことで、不特定多数の読み手に伝わるってことですね。

その通り。たとえば、日本について主張したければ、西洋と比較して書けばわかりやすくなるし、現代について主張したければ、過去と比較すればいい。

そうかぁ。私が痩せて見えるためには、そうではない人の隣にいればいいってことと同じですね。

う、う〜ん、いつもながらたとえがおかしい気がするけど……。
実は「対立関係」にはもう一つ大切な意味があるんだ。

最強ルール7 複眼的な視点を持つ

「主張」に対しては、必ず「対立する主張」があると考えるべきなんだ。誰もが同じ考えである方が不自然だよね。

確かに政治でも「保守」と「革新」とか、「左翼」と「右翼」って言葉を聞いたことがあります。

うん。たとえば、自社の商品を売る場合でも、必ずライバル社の商品を頭に置く必要がある。つまり、何かを主張するときは、必ず対立関係を頭に置くことが大切だ。それができないと、単眼的な思考に陥ってしまう。

単眼的思考？　いきなり難しいこと言わないでください。

主張することに夢中になってしまい、それと反対の主張がまったく目に入らなくなっている状態のことだよ。このような文章は一方的かつ感情的で、反対意見を持っている人が読んでいて不快になるし、説得力にも欠けるんだよ。

……私の企画書やメールもそうかも。

うん。だから、複眼的思考を持たなければならない。文章は、不特定多数の人に向けて書くのだから、当然自分とは反対の主張も頭に置いて、様々な角度からものを捉えていく必要がある。そのためには「対立関係」がどうしても不可欠なんだ。

今までは、自分と感覚や考え方が違う人のことを考えずに、文章を書いていました。だから伝わらなかったんですね。反省です……。

最強ルール8 対比・譲歩・弁証法

では、「対立関係」の代表的なものを三つ紹介しよう。
まず一つ目。圧倒的に多いのが「対比」。

反対のものと比べることですよね。

うん。すでに説明したけれど、自社製品をアピールするために、他社製品と比較したりすることだね。ここで大切なのは、あくまで「自社製品」を読み手にアピールすることで、対立するものはその手段にすぎないってこと。

白を印象づけるために、背景を黒にすると鮮明になる、みたいなものですね。

うん。久々にいい例だね。自分の主張ばかりに捉われずに、対立するものにも目配りをすることが大事なんだよ。そして二つ目は、「譲歩＋逆接」。自分の主張を論証するために、まず対立意見を提示するんだ。

えっ？　よくわかりません。

その対立意見を否定すれば、自分の主張を論証したことになるよね。でも、頭ごなしに否定してしまうと、対立意見を持っている相手は不愉快だし、読者も共鳴しづらいと思う。

私、平和主義者だから、ケンカは嫌です。

うん。だから、まずは「対立意見」を少しだけ持ち上げるんだ。「～ももっともだ」「～も一理ある」と譲歩する。譲歩とは、相手に一歩譲ることなんだよ。

「譲歩」はわかりました。じゃあ「逆接」はどう使うんですか？

うん。譲歩したあとで、逆接の接続詞を使って、それをやんわりとひっくり返すんだ。「あなたの意見はもっともだ。しかし～」という具合にね。

逆接の「しかし」のあとに、自分の主張を言えばいいんですね。

そうだね。「譲歩＋逆接」は反対意見にも目配りをした上で、自分の主張を論証することになるから、より説得力が増すんだよ。

それって、会社でかなり使えそうです。

そうだね。最後の三つ目は弁証法。アウフヘーベンとか止揚《しよう》という言い方もするよ。

弁証法って、哲学っぽくて、難しいイメージがあります。私でも使えますか？

もちろんだよ。使い方は簡単なんだ。まず対立する命題があるとする。命題という言葉が難しければ、対立する主張でもいいよ。何でもいいから、具体例を頭に置いてごらん。

はい。じゃあ、男と女。やっぱりお互いにわかり合えない部分が多いから。

それでもいいよ。対立命題なので、お互いに相反していて、受け入れがたいとしよう。そんなとき、どちらか一方を選ぶのが、二者択一論だ。たとえば、原発推進か原発廃止か。死刑廃止か死刑肯定かなどだね。

男尊女卑か、女尊男卑か。亭主関白か、かかあ天下ですね。

面白いたとえだね。じゃあ逆に、対立する命題を共に取り入れたらどうなると思う？平均化、悪く言うと妥協だね。つまり、短所もなくなる代わりに、長所もなくなるんだ。

男と女を平均化……。ニューハーフかな……う～ん、正直よくわかりません。

このように、二者択一論や平均化ではなく、お互いの長所を活かし、欠点を補うことができたら、それが一番理想的だと思わない？

それはもちろん、そうです。男女であれば、それこそ夫婦円満、私が目指す理想のカップル誕生です。

そのためには、ただ対立する双方の意見を足すのではなく、一歩高い地点に押し上げる必要がある。それを止揚とかアウフヘーベンと言うんだよ。

う〜ん、でも先生、それって、実際には難しそう。

確かに難しいかもしれないね。要は、弁証法とは、対立する命題をより高い地点で統一しようとする方法なんだ。でも、知っておくとけっこう便利だよ。

はい。要は、どうやって高い地点に押し上げるかですね。彼氏ができたら、そういう考え方をしたいです。

最強ルール 9 因果関係・理由づけ

最後は**因果関係と理由づけ**。

先生、それも接続語のときに学習しました。
「AだからB」が因果関係で、「AなぜならB」が理由づけでした。

そうだね。他者に向けて、論理的に文章を書く場合、何の理由もなく結論づけることはできないんだ。Aを論証したあとは必ずそれを前提にして、だからBと結論づける。あるいは、最初に結論Bを提示して、その理由をあとから明記する。このどちらかが必要だ。

先生、私、前につき合っていた人とケンカしたときに、自分の主張ばかりして、論理的に説明なんてしませんでした。だから、ケンカ別れしてしまったんです。あぁ、先生からこの話を聞いていれば、感情的にならずに話し合いで解決できたかもしれないのに。

なるほど、それは残念だったね……。話を論理に戻すけど、たとえば歴史なんかは、よく因果関係で説明することが多いよね。この事件が起こったのにはこういった原因がある。あるいは、これが原因でこういう結果になったとかね。

はい。学校で習いました。しっかりと因果関係を教えてくれる先生の授業はわかりやすかったです。

人間の思考は連続しているけれど、それが因果関係で結ばれているんだ。逆に、個々の意見や情報が何の関係もなく、ばらばらに記述されているものを見ても、少しも頭に入ってこないと思う。文章も同じで、因果関係で書かれているから、納得して読めるんだ。

因果関係・理由づけって、大切なんですね。

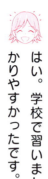

最強の書き方 1　一つの段落に主張は一つ

さて、いよいよまとまった文章を書いてみよう。このとき気をつけなければならないのは、人は一つのことにしか集中できないってことなんだ。

聖徳太子じゃありませんから、そうですよね。

うん。だから、**一つのまとまった文章には、一つの主張しか書いてはいけないんだ。**あれもこれもと書いてしまうと、読み手に主張が伝わらない文章になってしまう。

私、高校生のとき、四〇〇字詰め原稿用紙を四枚書きなさいって宿題が出たんですけど、ただ思いつくままに、自分の意見をたくさん並べてしまいました。

ははは、それがダメな例だよ。四〇〇字詰め原稿用紙四枚くらいなら、書くべき主張はたった一つ。あとは、それを他者に向けて論証すればいいんだ。

たった一つのことを主張する方が相手には伝わるんですね。

そうだね。具体例や体験、比喩や対立関係を使って書けばいいんだ。

先生、でも、主張したいことが他にもあったらどうすればいいんですか？

簡単だよ。「ところで」「さて」といった話題の転換を示す接続語を使えばいい。

あ、それって接続詞のところで習いました。

そうだね。基本的に、人は一つのことしか集中できないから、話題をAからBに変える場合には、必ず話題の転換を示す接続語を入れる。これが論理的文章のルールなんだ。
では、AとBそれぞれが、ある程度の分量になる場合は、どうしたらいいと思う？

分量が多いなら、話題の転換の接続語だけではわかりにくいですよね……。

そうだね。だから、話題が変わる場合は、段落分けをすればいいんだ。話題が大きく変わったのに、段落分けをしない文章は、非常に読みにくいから、なるべく避けた方がいい。

わかりました。一つの主張に一つの段落ですね。

ところでハルカちゃん、形式段落と意味段落って知ってる？

聞いたことはあるけど、よくわかりません。

形式段落とは、内容と関係なく行替えしたもので、意味段落は論理展開から分けたものだよ。本来は形式段落と意味段落に分ける必要はないけど、日本語の文章の場合、視覚的な意味で内容と関係なく行替えをする場合が多いから、形式段落という言い方もあるんだ。

確かに、あまりにもぎっしりと字が詰まっている本を見ると、それだけで読む気がなくなってしまいます。

そうだね。そこで、意識してほしいのが「小見出し段落」だ。

「小見出し段落」？　また知らない言葉が登場しました。

ビジネス書や自己啓発書などは、二、三ページごとに小見出しがついているものが多いよね。小見出し段落とは、意味段落と同じようなものなんだ。

それって、小見出し段落には「話題」や「主張」が一つあって、あとの文章はそれを論証しているってことですか？

そうだね。話題を変えるとき、それが短い文なら、話題の転換を表す接続語を使って、段落を変える。それが長い文なら、新たな小見出し段落にする。そういったルールに従って文章を書いていくと、否応なしに論理的な文章を書くことができるようになるんだ。

先生、文章ってすべてが論理でできているんですね。

ようやくわかってきたみたいだね。今までは、論理を無視して、思いつくまま文章を書いていたから、上司にも彼氏にもうまく伝えることができなかったんだよ。でも、これからは大丈夫さ。

わぁ、先生ありがとうございます。これからは自信を持って、多少の間違いは気にせずに、どんどん論理的な文章を書く練習をしたいです。

最強の書き方2

文章を人の体にたとえたなら

ここで全体の総まとめとして、文章を人間の体にたとえてみよう。ハルカちゃん、人間の体の中心には何がある？

骨ですよね、もちろん。

そうだよね。その骨が文章で言えば、要点に当たる。頭蓋骨が趣旨、あるいは小見出しに当たるもの。頭蓋骨は一つしかないよね？

もちろん、一つです。頭蓋骨が二つある人間なんて、見たことありません。

だから、小見出し段落で「主張」は一つ。そして、それを論証する筋道が背骨に当たる。もちろん、これも一本しかない。一本、太く真っ直ぐに引けばいい。

確かに、頭蓋骨も背骨も一つです。でも、手の骨や足の骨もありますよね。

うん。それらは小さな要点と言ってもいいね。そして、その骨のまわりには肉がついている。もちろん、手の骨にも足の骨にも肉はついているね。

その肉が、具体例や体験などですか？

よくわかったね。肉は、一つの主張を説明するための飾りの部分だ。手の骨や足の骨にも飾りの部分がついているけど、背骨のまわりについている胴体ほど太くはない。要は、形のいい肉体のような文章を書くべきなんだ。

あまり説明がない、「主張」だけの文章は、やせ細った体型ってことですね。飾りがありすぎて太っていたり、バランスが悪い体型の文章も美しくありません。

その通り。たとえどんなに素晴らしい文章であっても、その要約文を読んで、感動することはないよね。

いい文章を書くための文章構成

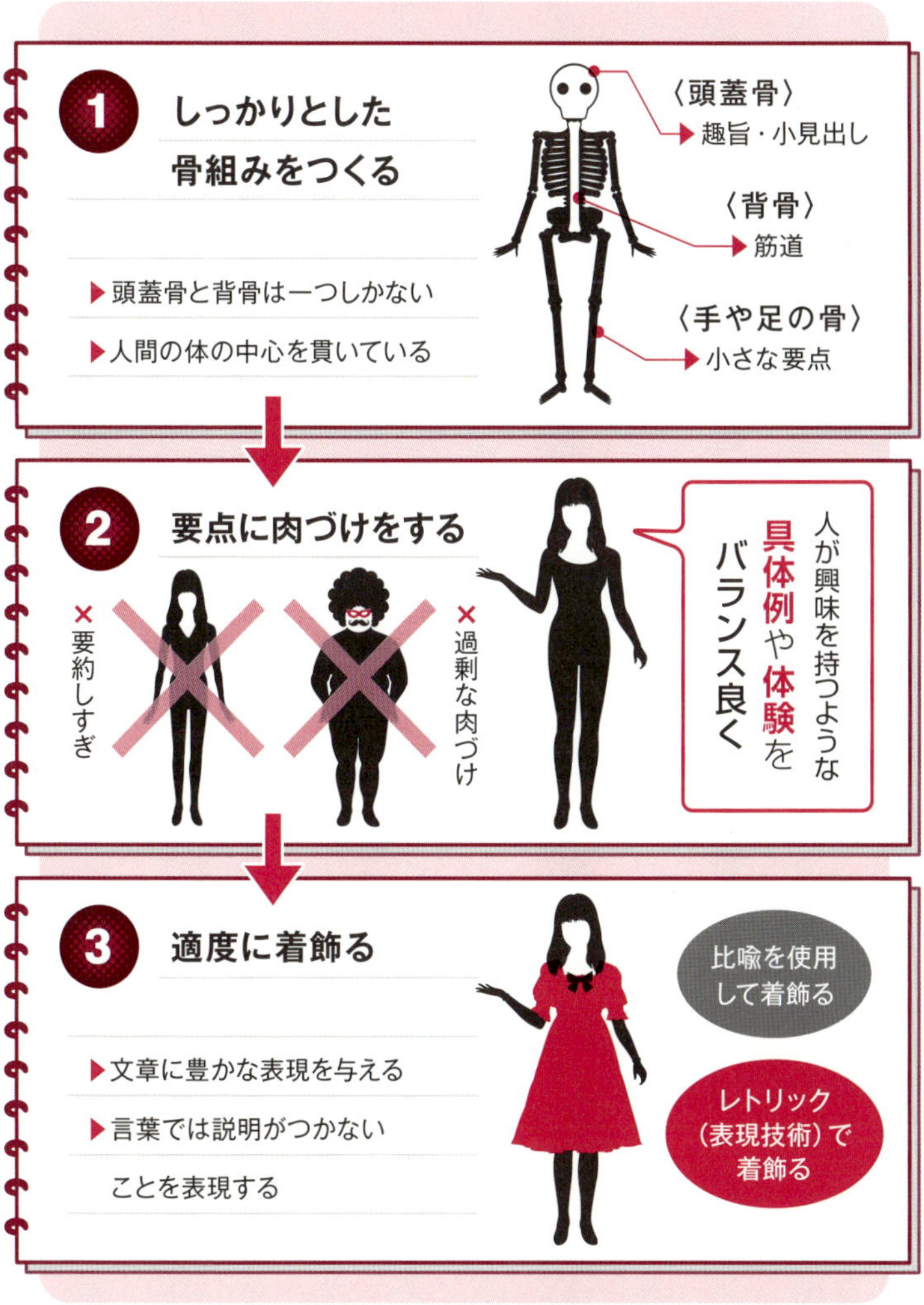

はい。要約文って、言いたいことはわかりやすいけど、読んでいて楽しいって思うことはないと思います。

それはつまり、骸骨の文章だからだ。どんなに美人でも、骸骨だけを見てきれいとは思わないよね。女性をきれいだと思うのは、骨だけでなく全体を見て感じるものだ。

そうですね。つまり、魅力的な文章とは、要点や筋道がはっきりしていて、その上に興味を引く具体例や体験がバランス良く書かれているものなんですね。

うん。それだけでなく、適度に飾った文章であることも必要だ。ハルカちゃん、人前では服を着るよね？

先生、失礼です。いくら私でも、人前で裸だったら捕まりますよ。

それと一緒で、不特定多数に読まれる可能性のある文章というのは、往来を歩くようなものだから、当然人目を気にしなければならないんだ。だから、着飾る必要がある。

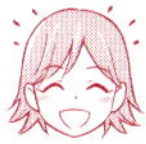

あっ、それが比喩とかレトリックですね。本当だ。確かに文章って、人間の体に似ています。これからは美人な文章を書けるように心がけます。

最強の書き方 3 設計図を作成する

では、これから具体的に、論理的な文章の書き方を説明しよう。

はい。いよいよ総仕上げですね！

まず最初に、**設計図を作成する。**

設計図ですか？　まるで家を建てるみたい。

そうだよ。家を建てるときも、いきなり大工さんが作業するのではなく、建築士が設計図を作成するよね。

はい。あっ、設計図の段階で、しっかりと考えていれば、文章を書いている途中で、論理が飛躍したり、何度も書き直しすることはなくなるかも。

うん。文章は骨と飾りとで成り立っていると言ったよね。だから、まずは骨だけで設計図を組み立てるんだ。じゃあ具体的に文章をつくってみようか。

はい。ちょっと楽しそうですね。

そうだな。今、僕が主張したいことは、「勉強」についてなんだ。

先生、昔は予備校で教えていたんですよね。

うん。実は、勉強や学問は本来遊びだったんだよ。楽しいから勉強したんだ。ところで、遊びと対立するものって、何だと思う。

設計図をつくり、全体を俯瞰する

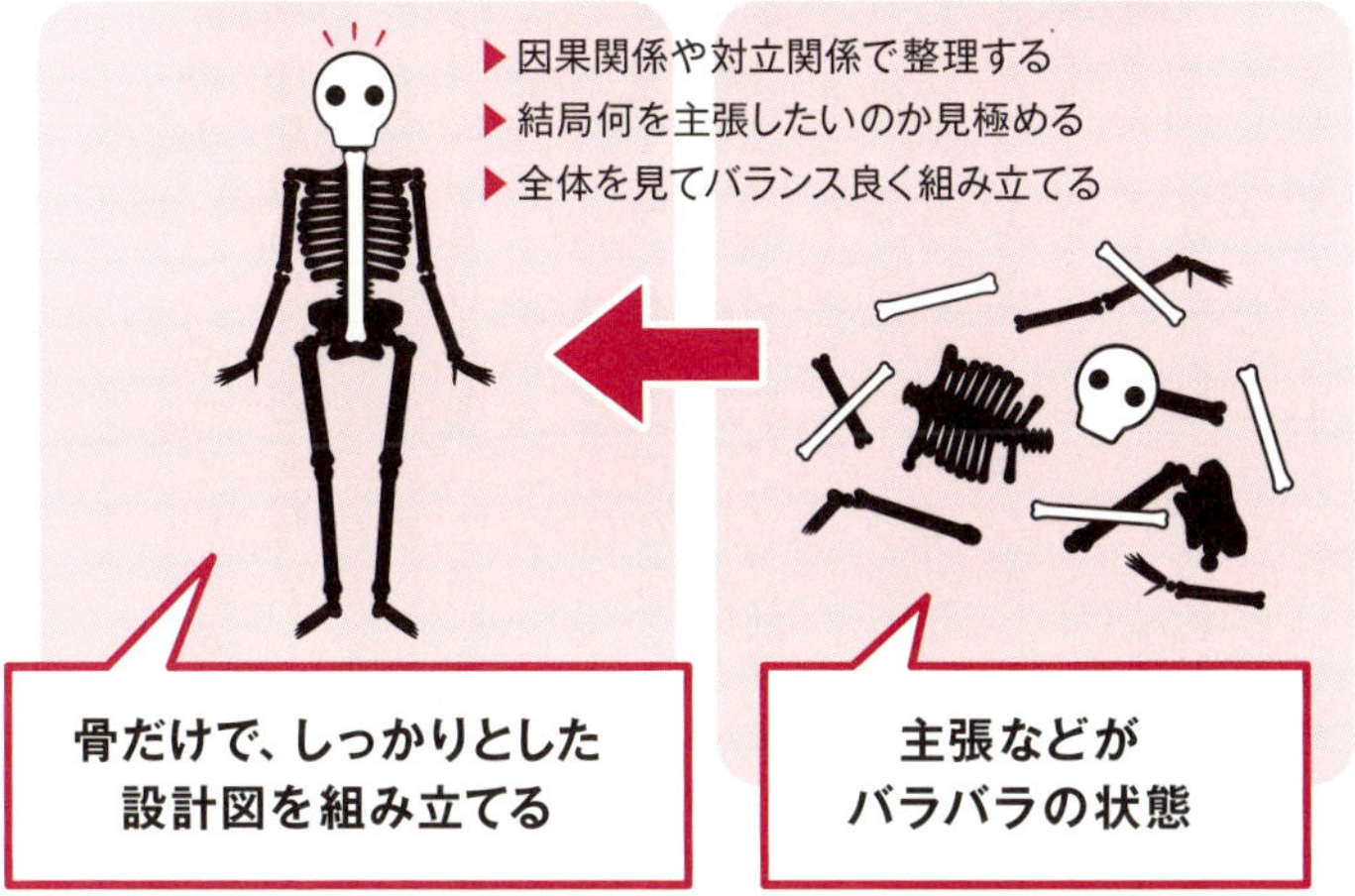
▶因果関係や対立関係で整理する
▶結局何を主張したいのか見極める
▶全体を見てバランス良く組み立てる
骨だけで、しっかりとした
設計図を組み立てる
主張などが
バラバラの状態

あっ、さっそく対立関係ですね。遊びと対立するものは……何だろう、仕事でしょうか？

その通りだ。そしたら、設計図には、こう書けばいい。

仕事 ⇔ 遊び

でも、これらは要点となる骨だけの状態だから、肉づけをしなくちゃ。

そうだね。

「仕事」具体的説明（具体例）

⇔

「遊び」具体的説明（具体例）

ああ、こうやって設計図を書いておけば、何が言いたいか自分でわからなくなったりしないですね。

では、ハルカちゃん、「仕事」の特色は？

え〜と、お金儲けかな。それと、仕事は嫌なこともしなくちゃいけないし、ときには頭を下げなければならないこともあるから、不自由です。

そうだね。あとは未来志向。将来のために頑張るってこともある。それに対して、遊びの方はどうかな？

遊びは楽しいけど、特色はありすぎてよくわかりません。

論理的に考えてみて。「仕事」と「遊び」は対立関係だったよね。

あっ、そうか。「仕事」の逆を考えればいいんですね。「仕事」はお金儲けが目的であるとしたら、「遊び」は何かを生産したり、お金を稼いだりしません。「仕事」が不自由であるのに対して、「遊び」は自由。「仕事」が未来志向なのに対して、「遊び」は現在志向。

その通り。では、設計図をより詳細に書き込んでいこう。

「仕事」生産性・有効性・効率
　　　未来志向・不自由

⇔

「遊び」楽しいかどうかで、生産しない
　　　現在志向・自由

あっ、頭の中がスッキリ。

うん、こうして絶えず全体を俯瞰することが大切だ。次に、因果関係を使ってみようか。

自由を奪われても、将来とお金儲けのために働かなければならないとしたら、その結果、どうなると思う？　遊びはその逆だよ。

う～ん、物を生産したり、お金を儲けたりするのはいいけど、不自由な状態が続くと、ストレスが溜まりそう。

では、こうしよう。「↓」が因果関係だ。

「仕事」生産性・有効性・効率
　未来志向・不自由↓人間性の疎外

⇔

「遊び」楽しいかどうかで、生産しない
　現在志向・自由↓人間性の回復

遊びって、人間性の回復につながるのですね。対立関係を使うと、とてもわかりやすいです。

では、ここまでを肉づけしてみよう。

「仕事は有効かどうかが大切であり、効率が重要視される。ときには何かを強制されることも多い。その意味では不自由だと言える。また、仕事は未来を指向する。未来の成功のために、今努力をするのである。

それに対して、遊びは自由である。面白いから遊ぶのであり、逆に面白くなければ、その遊びを中止するか、別の遊びを考え出せばいい。もちろん、遊びは現在がすべてであり、将来について心配する必要などない。」

ここまでが「対立関係」。

「本来人間は自由であったはずだ。だが、将来の蓄えのために、働くことを余儀なくされるようになった。その結果、仕事はときには人間を束縛し、不自由を強制する。そこで、私たちは人間性を回復させるために、遊びを必要とするようになった。」

これが「因果関係」。

わあ〜、立派な論理的な文章です。

ところで、ハルカちゃん、もともと遊びって何だったと思う?

えっ、遊びは遊びだけど……。

大昔、たとえば、ギリシア時代、市民たちは働くことをしなかったんだよ。働くのは奴隷の仕事で、市民たちは一日中、政治や文学、哲学を論じ、音楽を楽しんでいたんだ。つまり、これらは彼らにとっては遊びで、楽しいからやっていたんだよ。

そっか。学問も文学も音楽も芸術も、昔の人たちにとっては全部遊びだったんですね。一生遊ぶからこそ様々な工夫をして、高度なものになっていったんですね。

そうだね。日本で言えば、平安時代の後宮《こうきゅう》に住んでいた后や女房たちも家事なんてやらずにただ遊んでいればよかったからね。

だから、紫式部や清少納言は、文学や音楽に熱中したんですね。あっ、先生、これが具体例になりますね。

その通り。では、設計図。

本来の遊び ＝ 学問・文学・音楽・芸術

【具体例】ギリシアの貴族・平安時代の女房

さて次は、結局、私は何を主張したいのかだ。

肝心の頭蓋骨ですね。

たいていの場合、主張したいのは現代のことだよ。今まで述べたことから論理的に考えると、今の勉強・学問をどう考える？

あっ、わかりました！　私、今まで勉強するときは、偏差値を上げ、ランクの高い大学に合格することだけを考えて、嫌いな科目も我慢して、必死に頑張ってきました。つまり、生産性・結果・有効性・不自由・未来志向などを考える、言ってみれば仕事みたいに勉強していたんです。

うん。だから、過度に勉強すると、人間性の疎外になる可能性がある。そこで、結論は？

もうわかりました。勉強を本来の遊びに戻しなさいってことですね！

よくできました。勉強って、本来楽しいものなんだ。僕はずっと勉強の楽しさを教えてきたつもりだ。論理的に考えることの面白さ、すごさをね。勉強が面白くなるためには学力が必要だ。それも単なる詰め込みではない、本当の学力。それを教えるのが講師の力量だと信じて、教鞭を取ってきたんだ。

先生、何だかカッコいいです！

ありがとう。でも、本当にそう信じているんだ。勉強の楽しさを知ることができれば、その子供は生涯勉強するようになる。それってすごく価値があることだと思わない？

思います！　先生、私も論理的に考えることの面白さがわかったので、これから一生勉強します。

それはよかった。では、設計図を完成させて、全体を俯瞰しよう。

結論は一つで明確でなければならない。スッキリ筋道が立っているか、骨には肉がバランス良くついているか、その辺りを確認してみよう。

【設計図】

「仕事」　生産性・有効性・効率

⇔　未来志向・不自由　↓　人間性の疎外

「遊び」　楽しいかどうかで、生産しない
　　　　現在志向・自由　↓　人間性の回復

【話題の転換】

勉強　＝　本来は遊び　＝　自由・現在志向・有効かどうかではない
　　【具体例】ギリシアの貴族・平安時代の女房

↓

本来遊びであるはずの勉強が、今や仕事に変わってしまった（人間性の疎外）

【結論】　勉強を本来の遊びに戻すべきだ

設計図があると、全体を見渡せるから、論理の破綻や論証できていない部分も気がつきますね。それに、どこで段落を分ければいいかもわかります。

では、後半の文章を書いてみよう。

「さて、そもそも遊びとはなんだったのか？

ギリシア時代には、労働は奴隷の仕事であった。市民は生涯遊んでいればよかったのである。と言っても、今のようにテレビも漫画もゲームもない。彼らにとっての遊びは政治であり、哲学であり、文学であり、音楽であった。

彼らは生涯遊ばなければならず、そのため哲学も文学も、さらに学問も高度なものに発達した。彼らにとってそういった学問・芸術こそ遊びであったのだ。

日本で遊びが高度に発達したのは平安時代であろう。后や女房たちは家事をする必要などなかった。だから、古語における『遊び』は音楽のことを意味し、そういった状況の中で、あの源氏物語や枕草子や数々の和歌が生まれていったのだ。

勉強は、本来、遊びだった。面白いから勉強をしたのである。だから、若い諸君は生涯勉強という遊びを楽しむことができるように、今本当の勉強の仕方を学ばなければならない。

ところが、成績を上げるために、受験のために、今努力をしなければならないと思った瞬間、本来遊びであった勉強が一転仕事へと変貌する。仕事は不自由であり、強制であり、効率と有効性、そしていかに偏差値が上がったかという結果だけが問われることになる。

そして、過度に勉強すると、人間性が疎外される危険性まであるのだ。

今こそ、遊びとしての勉強を取り戻そう。成績を上げるためではなく、受験競争に勝ち抜くためでもなく、生涯勉強を楽しめるようになるため、今こそ遊びとしての勉強を自分の手にしっかりと取り戻さなければならないのだ。」

なるほど！　設計図で頭を整理してから文章を書けば、自分の主張がしっかり相手に伝わりますね。

第4章のポイント

- 主張には論証責任が伴う。
- 論理的な文章は、抽象的な主張と具体的な論証部分とで成り立っている。
- 抽象度が高い主張ほど有益な情報になり、その主張の説明は具体的なほど説得力を増す。
- 「イコールの関係」は、具体例・体験・引用、そして比喩。
- 「対立関係」は、対比・譲歩・弁証法である。
- 因果関係と理由づけが論証の鍵。
- 論理的な文章を書くときには、設計図を作成し、肉づけする。

第5章

文章力を鍛える実践的な方法

ツヤ
ツヤ
今日、街で ワシによく似た髪の ツヤツヤした紳士を 見かけてなあ。 あんな風になりたいぞ。
ワシに似た髪… ツヤツヤ… なりたい…？
ツヤ
ツヤ

読むことから始めよう

誰もが自由に情報発信できる現代においては、「論理的に書く技術」の習得は必要不可欠です。最終章では、「論理的に書く技術」を修得する方法を、三段階に分けて具体的に説明していきます。

論理的な文章を書くためには、新聞やビジネス書を読むことが大切です。しかし、ただ読むだけではなく、それらを自分の知識としてアウトプットするために必要な、「ストックノート」の作成の仕方なども提案していきます。

書く技術は、先天的なものではありません。ですから、正しい方法で一定の訓練をすれば、誰もが論理的で美しい文章を書けるようになるのです。

いよいよ最後の講義だ。論理とはどのようなもので、それがいかに大切かは、これまでの説明でわかったと思う。

はい。十分、わかりました。でも、まだ不安です。どうすれば、その論理力をきちんと身につけることができるんですか？

うん。では、今から論理力を修得するための具体的な方法を三つのステップに分けて教えよう。まずステップ1。

はい、頑張ります。

さて、論理とは、一定の規則に従った日本語の使い方だ。でも、今まではそんな規則を知らず、ましてやそれを意識して日本語を使うこともなかったと思う。

残念だけど、その通りです。今までは頭に浮かぶままに言葉を使っていました。

これからは、**日本語の規則を一定期間、徹底的に意識することが大切だよ。**

文章を書くときや読むときに「要点と飾り」「言葉のつながり」「助動詞と助詞」「接続語と指示語」「主張と三つの論理的関係」などを意識するんだ。今まで説明してきたことを全部、復習しよう。

はい。何度も復習します。

次は、ステップ2。**論理的な文章を読むこと。**ただし、今までのようになんとなくという読み方ではなく、徹頭徹尾、論理を意識することが大切だよ。ここでは、論理的な頭の使い方を習熟することが目的なんだ。

先生、具体的にどんな文章を読んだらいいんですか？

手軽なものとしては新聞かな。新聞には必ず見出しがあるよね。だから、どのような情報を提供しようとしているのか非常に明確だ。

ちなみに、社会的な事件やニュースよりも、巻頭随筆、社説、記者や学者の署名つきの意見などが、論理力を鍛えるには有効だよ。

主張がどのように論証されているのかを意識すればいいんですね。

その通り。「イコールの関係」「対立関係」「因果関係」をどのように駆使しているのか、さらに、接続語や指示語の使い方、どこで段落分けをしているのかにも注意すること。

確かに、毎日そうやって新聞を読んでいると、かなり力がつきそうです。最近は、ネットで読むこともできるし。でも先生、新聞を読むだけで大丈夫ですか？

あとは、できるだけたくさんの本を読むこと。ビジネス書、自己啓発書、新書など、比較的論理的に書かれている本を読んだらいい。

新聞は単発の文章だけど、一冊の本を読むことによって、一つのまとまった思想やその全体の論理構造を理解することができるんだ。

では、いよいよ最後、ステップ3だ。

いよいよ本当に頭が良くなりそう。最後は何をすればいいんですか？

論理を習熟するためには、日常生活の中で絶えず使ってみることが大切だ。単に論理を意識して読むだけでなく、人の話を聞くときも論理を意識するんだ。論理的に話したり、論理的に考えることを心がけよう。

きっと、話し方、考え方、読み方、書き方、全部が一度に変わりますね。でも、いつまでやればいいんですか？　私、一週間くらいなら頑張れそうだけど……。

それは、一人ひとりの今までの言語体験の積み重ねで決まるから、一概には言えないよ。一週間でガラッと変わる人もいれば、半年以上も続けなければならない人もいるだろう。

う～ん、私ならやっぱり一年はかかるかな。今まで論理的な頭の使い方をしてこなかったし。

論理を習熟すれば、自分でも論理的な話し方ができるようになったことがわかるし、周囲の人達の見方も変わってくるはずだ。論理力は、いったん習熟すれば生涯ハルカちゃんを助けてくれる強い武器になるんだから、それまでは頑張って論理を鍛えること。

でも先生、聞いてください。私、とにかく結婚したいんです！　だから、今す

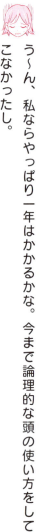

ぐにでも論理力を身につけて、周囲から尊敬される、いい女になる必要があるんです。先生、もっと早く論理力を身につける方法はないんですか？

……う、うん、まず落ち着こうか。ハルカちゃんの特殊な事情はよくわかっているつもりだよ。では、もっとも短期間で論理力を修得する、とっておきの方法を教えよう。

えっ！　本当ですか!?　それなら私、頑張ります！

もっとも論理力を鍛えることができるのは、「書く」ということなんだ。

えっ、それじゃ今までと同じです。もっと魔法のような方法はないのですか？

論理力に魔法なんてないよ。論理を身につける最短方法は、「論理的に読む」→「論理的に考える」→「論理的に書く」というサイクルを繰り返すことだ。そしてこの「書く」という行為がもっとも効力を発揮する。

そこで、「ストックノート」をつけてみよう！

ストックノート？　それ、詳しく私に教えてください。

ストックノートをつける

まず一冊のノートを用意する。なるべく厚めの方がいいかな。

用意しました！

早いね。大切なことは、左ページと右ページを厳密に分けること。左ページは読んだ文章の要約文。だから、できるだけ自分の言葉ではなく、筆者の言葉でまとめること。右ページは自分が考えたこと。だから自分の言葉でメモをするんだ。

筆者の考えたことと、自分が考えたことを、ごちゃ混ぜにしないということですね。

その通り。ここで大切なことは、何をストックするか、だ。何もかもストックノートにまとめようとする人がいるけど、あまり欲張ると長続きしない。たとえば、新聞記事でもいいし、一冊の本なら、小見出し段落ごとに、ストックしたい文章を選んだ方がいい。

本を読んでいると、いい文章だなって思うことがよくありますけど、書き留めておかないから、すぐ忘れてしまってました。

いつもストックノートを持ち歩いて、忘れたくない文章に出合ったら、素早くそれを要約するといいよ。そして、「環境問題」「日本文化」など、自分で小見出しをつけるといいよ。

わあ～、なんだか新聞記者になったような気がします。今日から、興味のある文章をどんどんストックしたいと思います！

要約力が論理力の基盤

ストックノートで大切なのは、自分で選んだ文章を要約するという行為だ。要約は論理力を鍛える最善の方法だからね。

先生、要約って、要点をまとめることですよね。

うん。そのためには、まず筆者の立てた筋道をあるがままに追っていかなければならない。この時点で、すでに論理力を鍛えることができる。

さらに、要点をまとめ上げるときには、もう一度要点を論理的に組み立て直す必要があるんだ。ここでさらに論理力が鍛えられる。

つまり、筆者の立てた筋道を理解し、次に、自分でその要点を筋道を立てて説明するんですね。要約文を書くって、本当に論理力を鍛えられそうですね。

そうだね。自分で選んだ文章を理解して、どんどんストックしていこう。

論理語、論理的な文体の獲得

ハルカちゃん、論理的に考えるためには論理が使えなければならないし、論理的な文章を書くためには、それにふさわしい論理的な文体を獲得する必要があるんだ。

論理的な文体？　少し敷居が高いような気がします。

そうだよね。僕が若い頃は、哲学書や思想書、漱石や鴎外などの文学作品をよく読んでいたけど、今の若い人は難解な本を読む機会が少なくなったのではないかな？

はい。たいていはライトノベルかエンターテインメントです。

さらに、現代では、メールやブログなどで文章を書く機会は昔よりも増えているけれど、その多くは絵文字などの感情語を多用しているよね。

はい。だから、論理的な文章を書くことは少ないと思います。

うん。それに、アニメやマンガ、音楽にゲームなど、それ自体悪いわけではないけれど、子どもの頃からそれらにどっぷりつかっていると、一体どこで論理語や論理的な文体を修得するのだろうと、心配になってしまう。

確かに、自分でちゃんと文章を考える機会ってほとんどありません。だから会社でそれを求められると困っちゃうんですよね……。

そうだね。だからこそ、新聞記事やビジネス書を要約することで、論理語や論理的な文体を修得することができるんだ。

はい。今までやってこなかったぶん、頑張ります！　ところで先生、ストックノ

ートの右ページは何のためにあるんですか？

台本型と即興型

右ページは、ものを考えるためだ。

ハルカちゃん、いい文章を読んで、納得したり、感動したりすると、それについて考えたりしないかな？

しますね。小説を読んだり、映画を見たりして感動すると、そのあとずっとそのことについて考えちゃいます。

そうだよね。ストックノートも同じ。自分がストックした文章について何か考えたら、その場で右ページにメモをするんだ。

きちんとした文章を書こうと思うと億劫になるから、とりあえずは自分の言葉でメモをするだけでいい。

インプットしたら、次にアウトプットってことですね。

いい言葉を知っているね。左ページは文章中の要点となる言葉を利用するけれど、右ページは自分の考えだから、自分の言葉で表現すればいい。

先生、一つ質問があります。左ページは、論理語、論理的な文体の修得に有効だってわかったけれど、右ページは何の役に立つんですか？

では、喜劇の話をしてみよう。喜劇には台本型と即興型があるんだ。

えっ、突然？　喜劇って、お笑いのことですよね。

そうだよ。台本型の場合、芸人は台本に忠実に演じればいいから、大きな失敗の可能性は少ないけれど、新鮮味がない。それに対して、即興型は台本なしで、その場で演じる必要があるから、大変だ。

私、即興型の方が好きかも。アドリブって楽しいし、何が飛び出してくるかわからないから、はらはらします。

その即興型が成り立つのは、実は芸人たちが自分だけの台本を持っているからなんだ。

えっ？　即興なのに、台本があるんですか？

そうだね。笑いのパターン集と言ってもいい。

プロの芸人は、自分だけの笑いのパターンを持っているから、どんなときでも計算づくで、笑いを取ることができるんだ。

なるほどぉ。お笑いのプロになるには、訓練して自分だけの台本を数多く蓄積する必要があるんですね。あっ、それってものを考えるときも同じなんですね。私は台本を一つも持ってないから、きっと考えることができないんです。

いいところに気がついたね。だから、ストックノートで、自分だけの台本を溜め込んでいけばいいんだ。

でも、結局は人の文章をストックしているだけですよね。それを考えるときの台本にするなんて、人の受け売りになってしまいませんか？

大丈夫。人の文章を読むことから考えるということが始まるんだよ。哲学者も思想家も、誰もが先人の書いた書物を読んで、そこから次のことを考えたんだ。

大切なのは、人類の知が蓄積された泉にアクセスして、ほんの一歩でも新しいことを考えつくこと。そのほんの一歩が進歩なんだ。

先生、わかりました。ほんの一歩、自分の考えがあればいいのですね。そう考えると、少し気が楽です。

ものを考えるということは本来そういう行為だから、自分がいいと思った文章をストックして、それに基づいてものを考えることは決して人の受け売りなんかではないんだよ。

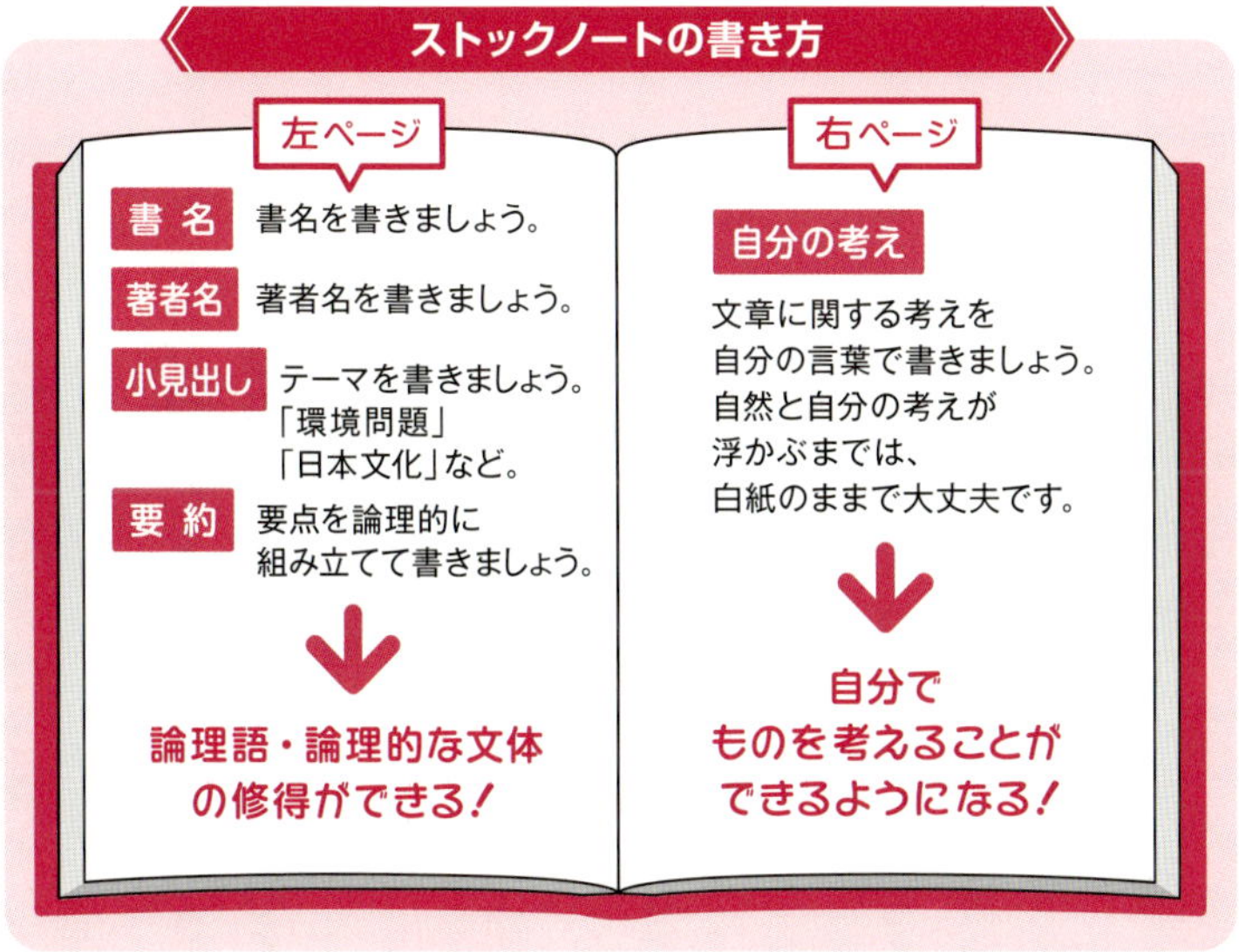
ストックノートの書き方
左ページ
書名
書名を書きましょう。
著者名
著者名を書きましょう。
小見出し
テーマを書きましょう。「環境問題」「日本文化」など。
要約
要点を論理的に組み立てて書きましょう。
論理語・論理的な文体の修得ができる！
右ページ
自分の考え
文章に関する考えを自分の言葉で書きましょう。自然と自分の考えが浮かぶまでは、白紙のままで大丈夫です。
自分でものを考えることができるようになる！

はい。少し安心しました。

ただし、一つ注意してほしいことがある。

左ページのストックを、ことあるごとに読み返してほしいんだ。読み返すうちに、しだいに消化され、自分のものになっていくよ。

確かに何度も読んでいくと、理解が深まるような気がします。

それだけでなく、現代を見る目やものの捉え方がしだいに鋭くなっていく。

そうやってストックが消化され、自分のものになると、今度はそのストックの内容を自分の言葉で語れるようになる。

そうかぁ。自分の言葉で人に説明できるようになったら、きっと周囲の人の私に対する評価も変わってくるかもしれないですね。「ハルカちゃんって、何て深くものを考えている子なの！」「よっ！　才色兼備」な～んて。ウフフッ。

……ま、まあ、そうなるかは別として、もうそろそろ講義も終わりだよ。

あっ！　先生待ってください。もし自分の考えが何も浮かばなかったら、右ページはどうすればいいんですか？

無理に書く必要はないよ。自然と自分の考えが浮かぶまでは白紙のままで大丈夫。

その代わり何度も左ページのストックを読み返すこと。それらのストックが消化されてくると、やがて自然と頭の中に自分の考えが沸き上がってくるようになる。それまでは焦らずにじっくりやっていこう。

はい。今から、そのときが楽しみです。

肝心なのは諦めないこと。**僕たちは朝から夜寝るまで、生涯日本語を使って考えるのだから、その日本語の使い方が変われば、昨日までとは異なる自分になれる。**そう信じて頑張るんだ。

ひとたび論理力を身につけたなら、それはハルカちゃんを生涯助けてくれる、強力な武器になるからね。

だから、とにかく書いて書いて書きまくるんだ！

はい！　頑張ります。結婚もかかってるし、気合い入りました！

その前に、彼氏を見つけないとね。

わかってます！　でも、先生のお話を聞いて、論理的に書くことや、論理的に考えることの大切さが身にしみてわかりました。きっと論理力を鍛えれば、人生がうまくいくと思います。先生、ありがとうございました。今度お会いする

ときは、結婚式の招待状を持参して参ります！

うん、その日が来るのを祈っているよ。
これからも頑張ってね！

第５章のポイント

- 論理的に書く技術を習得するためには、三つのＳＴＥＰを頭に置く。
- ＳＴＥＰ１は、日本語の規則を理解し、日常で意識すること。
- ＳＴＥＰ２は、新聞やビジネス書など、論理的に書かれた文章を、論理構造を意識しながら読むこと。
- ＳＴＥＰ３は、論理を習熟するために、絶えず論理を意識すること。
- 論理的に書くことは、思考力を鍛えることでもある。
- 「ストックノート」で自分だけの台本を蓄積しよう。

おわりに

本書は一見簡単な内容に見えますが、実は非常に大切な、「書く」ことに関する上で鍵となるものを修得することができる一冊です。

私はかつて小説家志望でした。

しかし、自信満々で書いた私の文章は独りよがりで、誰も理解できないものでした。次々と文学賞に応募しましたが、いつも一次選考で落選していました。

それでも自分の文章が活字になり、より多くの人の眼に触れることをいつも夢見ていました。あの頃自分の文章が活字になるためには、同人誌などに参加してお金を払うしか手段がありませんでしたが、そんなお金は持ち合わせていませんでした。

しかし私は、論理という武器を身につけてから大きく変わりました。そのことは今でも私の中で明確な自覚となって存在しています。

もちろん、論理的に書くことで文学的作品を書けるわけではありません。でも、情報発信をするために、誰もが理解できる文章を書くことは、論理と日本語の技術を修得することで確実に可能となるのです。

逆に言うと、これらを身につけずには、正確な文章を書くことなど不可能です。

私は今では当たり前のように月に二、三冊の本を執筆しています。頭に浮かんだことを自在に文章にできるのです。しかし、これは生まれながらの才能ではなく、後天的に論理を身につけることで可能になったのだと、自分では理解しています。

本書を手にしたみなさんが、生涯にわたって、自在に「書く」ことを楽しめることを祈るばかりです。

出口 汪

■ 著者紹介

出口 汪（でぐち・ひろし）

1955年東京生まれ。関西学院大学大学院文学研究科博士課程修了。広島女学院大学客員教授、論理文章能力検定理事、東進衛星予備校講師、出版社「水王舎」代表取締役。現代文講師として、予備校の大教室が満員となり、受験参考書がベストセラーになるほど圧倒的な支持を得ている。また「論理力」を養成する画期的なプログラム「論理エンジン」を開発、多くの学校に採用されている。著書に『出口汪の「最強！」の記憶術』『芥川・太宰に学ぶ 心をつかむ文章講座』『大人のための本当に役立つ小学生漢字』（以上、水王舎）、『東大現代文で思考力を鍛える』（大和書房）、『出口汪の「日本の名作」が面白いほどわかる』（講談社）、『論理思考力をきたえる「読む技術」』（日本経済新聞出版社）、『やりなおし高校国語・教科書で論理力・読解力を鍛える』（筑摩書房）など。小説に『水月』（講談社）がある。

■ 公式ブログ
「一日生きることは、一日進歩することでありたい」
http://ameblo.jp/deguchihiroshi/

■ オフィシャルサイト
http://www.deguchi-hiroshi.com/

■ ツイッター　@deguchihiroshi

出口汪の「最強！」の書く技術

2015年12月25日　第一刷発行
2016年3月1日　第四刷発行

著　者　出口 汪
発行人　出口 汪
発行所　株式会社 水王舎
〒160-0023
東京都新宿区西新宿6-15-1
ラ・トゥール新宿511
電話 03-5909-8920

印刷所　歩プロセス
製　本　ナショナル製本
イラスト　ソウ
ブックデザイン　村橋雅之
校　正　斎藤 章
編集担当　大木誓子　原田奈月

ISBN978-4-86470-033-7　C0095